Cuaderno de práctica adicional

GRADO 2 TEMAS 1 a 15

enVision® Matemáticas

SAVVAS

LEARNING COMPANY

ISBN-13: 978-0-13-496289-4
ISBN-10:   0-13-496289-3
5 2022

Grado 2 Temas 1 a 15

Herramientas

¡Revisemos! Puedes contar hacia adelante para hallar una suma o total.
Es más fácil contar hacia adelante desde un número mayor.

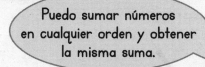

Puedo sumar números en cualquier orden y obtener la misma suma.

```
5        6   7
```
$5 + 2 = 7$ ✓

```
2   3 4 5   6   7
```
$2 + 5 = 7$ ✓ ①

ACTIVIDAD PARA EL HOGAR
Pida a su niño(a) que use prendas de vestir pequeñas, como calcetines o mitones, para contar hacia adelante y hallar 5 + 4. Luego, pídale que explique por qué 5 + 4 y 4 + 5 tienen la misma suma o total.

Cuenta hacia adelante para hallar la suma o total. Luego, cambia el orden de los sumandos.

1.

$3 + 4 = 7$ ✓

$4 + 3 = 7$ ✓

2.

```
  5
+ 4  ✓
─────
  9
```

```
  4
+ 5   ✓
─────
  9
```

3.

$7 + 6 = 13$ ✓

$6 + 7 = 13$ ✓

En línea | SavvasRealize.com

4. Razonar Dan tiene 9 vagones de trenes rojos y 5 vagones de trenes negros. ¿Cuántos vagones de trenes tiene en total? Escribe dos sumas para resolverlo.

$\underline{9} + \underline{5} = \underline{14}$

$\underline{5} + \underline{9} = \underline{14}$

$\underline{14}$ vagones de trenes

5. Ana dibuja 3 círculos rojos y 8 círculos azules. ¿Cuántos círculos dibuja Ana? Explícalo.

6. Razonamiento de orden superior Haz un dibujo para resolver el problema y explica tu razonamiento. Luego, escribe dos operaciones de suma para este cuento.

Hay 15 vacas en una granja. Algunas vacas son color café y otras son blancas. ¿Cuántas vacas de cada color hay en la granja?

$\underline{15} + \underline{10} = 15$

$\underline{10} + \underline{5} = 15$

$\underline{10}$ vacas cafés

$\underline{5}$ vacas blancas

7. ☑ **Práctica para la evaluación** ¿Cuál de las siguientes opciones muestra una manera de contar hacia adelante para hallar $8 + 3$?

(A) 1, 2, 3, 4, 5, 6, 7, 8

(B) $8 - 3$

(C) 8 . . . 9, 10, 11

(D) 8 . . . 9, 10

no sey

Herramientas

¡Revisemos! Puedes usar una suma de dobles para resolver una suma de casi dobles.

Para resolver una suma de casi dobles, puedes sumar 1 o 2 más a la suma de dobles.

ACTIVIDAD PARA EL HOGAR
Pida a su niño(a) que use objetos comunes, como monedas o botones, para mostrar dobles y casi dobles. Luego, pídale que escriba ecuaciones para mostrar las operaciones.

$6 + 6 = \underline{12}$

Suma de dobles

$6 + 7 = \underline{13}$

Suma de casi dobles

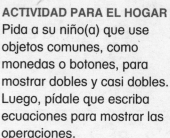

Escribe y resuelve las sumas de dobles y las sumas de casi dobles.

1.

$\underline{4} + \underline{4} = \underline{8}$ $\underline{4} + \underline{5} = \underline{9}$

2.

$\underline{5} + \underline{5} = \underline{10}$ $\underline{7} + \underline{5} = \underline{12}$

3. $7 + 7 = \underline{14}$

$7 + 9 = \underline{16}$

4. $8 + 8 = \underline{16}$

$8 + 10 = \underline{18}$

5. Álgebra Un número más 6 es igual a 12.
¿Cuál es ese número?

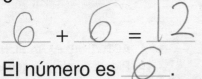

$6 + 6 = 12$

El número es _6_ .

6. Álgebra 6 más un número es igual a 13.
¿Cuál es ese número?

$6 + 7 = 13$
7

El número es _7_ .

7. **Vocabulario** ¿Cuál es una suma de **casi dobles**?
Encierra en un círculo la suma.

$\boxed{4 + 4 = 8}$ $4 + 5 = 9$

$2 + 7 = 9$ $0 + 5 = 5$

8. Razonamiento de orden superior Haz un dibujo para mostrar el cuento.

Luego, escribe una ecuación para resolver el problema y muestra tu razonamiento.

> Yoli tiene 5 libros.
> Fred tiene 2 libros más que Yoli.
> ¿Cuántos libros tienen Fred y Yoli en total?

_7_ libros

9. **Práctica para la evaluación** Terry quiere hallar $8 + 9$.

¿Cuál de las siguientes sumas de dobles puede ayudarlo?

(A) $5 + 5 = 10$

(B) $6 + 6 = 12$

(C) $7 + 7 = 14$

(D) $8 + 8 = 16$

Nombre _____

Herramientas

lunes

¡Revisemos! Puedes formar 10 como ayuda para sumar.

Esto muestra 8 + 4.

8 + 4   es igual a   10 + 2.

8 + 4 = 12

Muestra 10 + 2.
Mueve 2 fichas para formar 10.

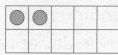

10 + 2 = 12

¡Las sumas son iguales!

Forma 10 como ayuda para sumar.

1. Halla 9 + 7.   Mueve 1 ficha para formar 10.

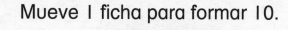

9 + 7   es igual a   10 + 6 .

9 + 7 = 16   10 + 6 = 16

2. Halla 7 + 5.

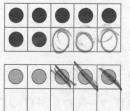

Mueve 3 fichas para formar 10.

7 + 5 es igual a 10 + 2 .

7 + 5 = 12   10 + 2 = 12

Suma. Luego, traza líneas para unir los problemas de suma que tengan totales iguales.

3. $9 + 6 =$ 15

lunes

$10 + 2 =$ 12

4. $7 + 5 =$ 12

$10 + 3 =$ 13

5. $9 + 8 =$ 17

$10 + 7 =$ 17

6. $5 + 8 =$ 13

$10 + 5 =$ 15

7. Explicar Blanca quiere sumar $5 + 8$. Explica cómo puede formar 10 para resolver la suma.

$5 + 8 =$ 13

$10 + 3 = 13$

8. Razonamiento de orden superior Javier tiene 14 bloques en total. Tiene 6 bloques amarillos. Los demás bloques son verdes. ¿Cuántos bloques verdes tiene Javier?

Javier tiene 8 bloques verdes.

¡Explica cómo resolviste el problema!

9. Usa los marcos de 10. Muestra cómo hallar $7 + 6$ formando 10.

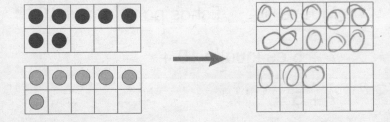

10. ☑ **Práctica para la evaluación** ¿Qué suma tiene la misma suma o total que $8 + 7$?

$10 + 9$ $10 + 8$ $10 + 7$ $10 + 5$

Ⓐ   Ⓑ   Ⓒ   Ⓓ

Nombre _____

¡Revisemos! Puedes usar tu tabla de sumar para hallar las sumas que tienen 7 como uno de sus sumandos.

Halla el 7 en la primera fila de la tabla.

Escribe una ecuación para cada suma de esa columna.

+	0	1	2	3	4	5	6	7	8	9	10
0	0	1	2	3	4	5	6	7	8	9	10
1	1	2	3	4	5	6	7	8	9	10	11
2	2	3	4	5	6	7	8	9	10	11	12
3	3	4	5	6	7	8	9	10	11	12	13
4	4	5	6	7	8	9	10	11	12	13	14
5	5	6	7	8	9	10	11	12	13	14	15
6	6	7	8	9	10	11	12	13	14	15	16
7	7	8	9	10	11	12	13	14	15	16	17
8	8	9	10	11	12	13	14	15	16	17	18
9	9	10	11	12	13	14	15	16	17	18	19
10	10	11	12	13	14	15	16	17	18	19	20

$0 + 7 = 7$

$1 + 7 = 8$ ✓

$2 + 7 = 9$ ✓

$3 + 7 = 10$ ✓

$4 + 7 = 11$ ✓

$5 + 7 = 12$ ✓

$6 + 7 = 13$ ✓

$7 + 7 = 14$

$8 + 7 = 15$

$9 + 7 = 16$

$10 + 7 = 17$

ACTIVIDAD PARA EL HOGAR
Para que su niño(a) practique con una tabla de operaciones de suma, pídale que escriba una ecuación para cada suma que tiene un total de 16.

Puedes sumar en cualquier orden. Completa la lista cambiando el orden de los sumandos.

Usa patrones de operaciones para completar las ecuaciones.

1. $9 + 6 = 15$

$8 + 7 = 15$

$7 + 8 = 15$

$6 + 9 = 15$

2. $0 + 4 = 4$

$1 + 3 = 4$

$2 + 2 = 4$

$3 + 1 = 4$

$4 + 0 = 4$

3. $5 + 1 = 6$

$4 + 2 = 6$

$3 + 3 = 6$

$2 + 4 = 6$

$1 + 5 = 6$

Usa patrones de operaciones para completar las ecuaciones.

martes

4. 10 + __1__ = 11

__9__ + 2 = 11

8 + 3 = __11__

7 + __4__ = 11

__6__ + 5 = 11

5 + __6__ = 11

4 + __7__ = 11

3 + __8__ = 11

__2__ + 9 = 11

1 + 10 = __11__

0 + __11__ = 11

5. 9 + 9 = __18__

9 + __8__ = 17

__9__ + 7 = 16

9 + 6 = __15__

9 + __5__ = 14

__9__ + 4 = 13

9 + 3 = __12__

9 + __2__ = 11

__9__ + 1 = 10

9 + 0 = __9__

---

6. Razonamiento de orden superior Escribe 8 ecuaciones con 2 sumandos que tengan un total de 13. Usa patrones de suma como ayuda.

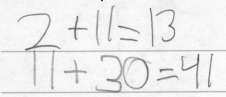
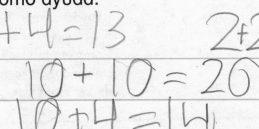
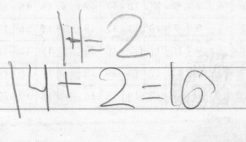

$2 + 11 = 13$ $9 + 4 = 13$ $2 + 2 = 4$ $|H = 2$

$11 + 30 = 41$ $10 + 10 = 20$ $|4 + 2 = 16$

$10 + 4 = |4$

---

7. ☑ **Práctica para la evaluación** ¿Qué opciones tienen un total de 19? Escoge todas las que apliquen.

☑ 10 + 9 = ?

☐ 8 + 8 = ?

☐ 9 + 9 = ?

☑ 9 + 10 = ?

8. ☑ **Práctica para la evaluación** ¿Qué opciones tienen un total de 15? Escoge todas las que apliquen.

☑ 7 + 8 = ?

☐ 8 + 7 = ?

☐ 9 + 6 = ?

☑ 5 + 10 = ?

¡Revisemos! Puedes usar una recta numérica para contar hacia atrás para restar.

Halla 12 – 5.

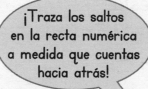

¡Traza los saltos en la recta numérica a medida que cuentas hacia atrás!

Empieza en el 12 sobre la recta. Cuenta hacia atrás 5 espacios.

11, 10, 9, 8, 7

Por tanto, 12 – 5 = 7

ACTIVIDAD PARA EL HOGAR
Dibuje una recta numérica del 0 al 15. Pida a su niño(a) que le muestre cómo contar hacia atrás desde 15 para hallar 15 – 6 en la recta numérica. Luego, pídale que escriba una ecuación que tenga una diferencia de 9.

Cuenta hacia adelante o hacia atrás para restar. Muestra tu trabajo en la recta numérica.

1. 6 – 4 = 2

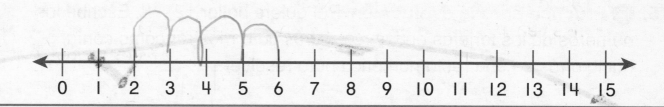

2. 13 – 8 = 5

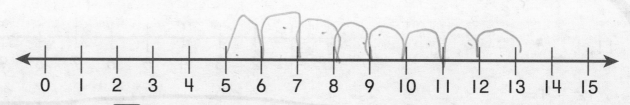

3. Representar Marta tiene 15 platos llanos
y usó 9 de ellos para una fiesta.
¿Cuántos platos no se usaron? Explica
tu solución.

 platos llanos

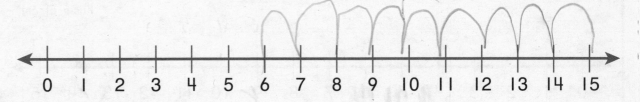

0 1 2 3 4 5 6 7 8 9 10 11 12 13 14 15

4. Razonamiento de orden superior Completa los números que faltan para
que las diferencias fuera de los cuadros sean correctas.

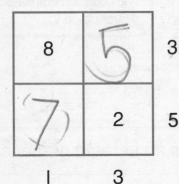

| 8 | 5 | 3 |
| 7 | 2 | 5 |

1   3

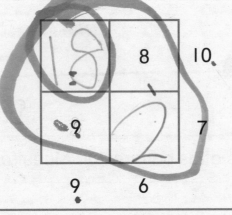

| | 8 | 10 |
| 9 | 2 | 7 |

9   6

5. ☑ **Práctica para la evaluación** Pat quiere hallar 12 – 4. Escribe los
números de las tarjetas en los recuadros para mostrar cómo contar
hacia atrás en una recta numérica para resolver.

| 10 | 12 | 8 | 9 |

Empieza en [ ]. Luego, cuenta hacia atrás.

11, , ,

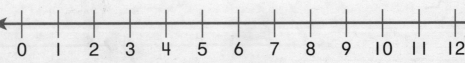

0 1 2 3 4 5 6 7 8 9 10 11 12

12 – 4 = _____

Nombre _____

 Herramientas

¡Revisemos! Puedes usar operaciones de suma como ayuda para restar. Usa los dibujos para hallar los números que faltan.

Operación de suma

Piensa que $6 + \underline{8} = 14$.

Operación de resta

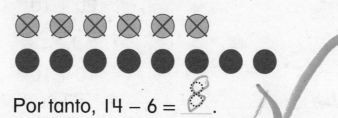

Por tanto, $14 - 6 = \underline{8}$.

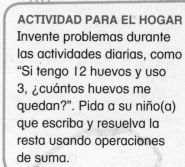

Puedes usar operaciones de suma como ayuda para restar. Usa los dibujos para hallar los números que faltan.

1.

Piensa que $9 + \underline{4} = 13$.

Por tanto, $13 - 9 = \underline{4}$.

2.

Piensa que $8 + \underline{9} = 17$.

Por tanto, $17 - 8 = \underline{9}$.

3. Lucy tenía 12 libros y le dio 3 a Miguel. ¿Cuántos libros tiene Lucy ahora?

3 + 12

3 + 9

6 + 6

$3 + 12 = 9$

15 libros

4. Pamela tiene 20 canicas y pone 10 canicas en un frasco.

¿Cuántas canicas **NO** están en el frasco?

20 + 10

9 + 9

10 + 10

$20 - 10 = 10$

10 canicas

Piensa en las partes y el todo.

5. **Generalizar** Resta. Completa la operación de suma que te puede ayudar.

$19 - 9 = 10$

$9 + 10 = 19$

¿Cómo te ayudaron a restar las operaciones de suma? Explícalo.

_____

_____

_____

_____

6. ☑ **Práctica para la evaluación** María tenía 11 anillos. Perdió 3 anillos.

¿Cuál de las siguientes sumas te puede ayudar a hallar cuántos anillos le quedan a María?

$3 + 1 = 4$
Ⓐ

$6 + 5 = 11$
Ⓒ

$3 + 8 = 11$
Ⓑ

$2 + 9 = 11$
Ⓓ

Herramientas

lunes monday (handwritten)

¡Revisemos! Puedes formar 10 para ayudarte a restar. Halla 13 − 5.

Una manera

Resta 13 − 3 para formar 10.

Resta 2 más para restar 5 en total.

10 − 2 = 8

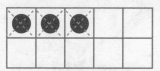

Te quedan 8. Por tanto, 13 − 5 = 8.

Otra manera

Suma 5 + 5 para formar 10.

Suma 3 más para formar 13.

10 + 3 = 13

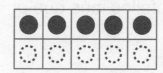

Sumaste 5 + 8 = 13. Por tanto, 13 − 5 = 8.

ACTIVIDAD PARA EL HOGAR
Pida a su niño(a) que use 12 objetos pequeños para explicar cómo puede hallar 12 − 8 restando primero para llegar a 10.

 Usa los marcos de 10 para restar. Piensa en las partes y el todo.

1. 11 − 7 = _____

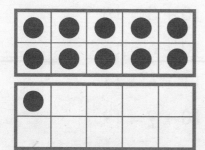

2. 14 − 6 = _____

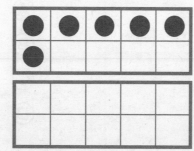

3. 12 − 5 = _____

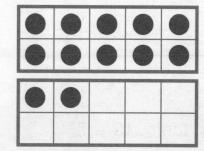

En línea | SavvasRealize.com

4. El recipiente _____ tiene _____ botellas más que el recipiente _____.

5. El recipiente _____ tiene _____ botellas más que el recipiente _____.

6. El recipiente _____ tiene _____ botellas más que el recipiente _____.

7. El recipiente _____ tiene _____ botellas más que el recipiente _____.

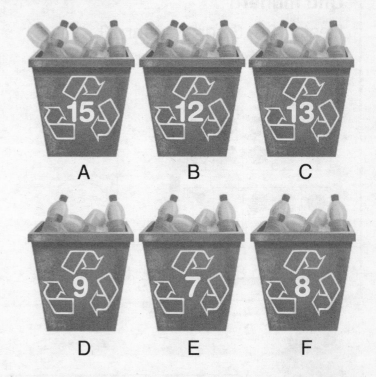

A   B   C

D   E   F

8. Forma 10 para restar. Escribe dos ecuaciones de resta para mostrar cómo hallar 15 – 7.

lunes
monday

_____ – _____ = _____

_____ – _____ = _____

Por tanto, 15 – 7 = _____.

9. ☑ **Práctica para la evaluación** ¿Qué par de ecuaciones muestran cómo hallar 16 – 9?

Ⓐ $9 + 1 = 10$, $10 + 5 = 15$

Ⓑ $9 + 1 = 10$, $10 + 6 = 16$

Ⓒ $9 + 2 = 11$, $11 + 6 = 17$

Ⓓ $9 + 1 = 10$, $10 + 9 = 19$

Nombre _____

martes teuseday

¡Revisemos! Puedes usar estrategias como ayuda para practicar operaciones de suma y resta. Halla $12 - 7$.

Puedes pensar en la relación entre la suma y la resta y usar operaciones relacionadas.

ACTIVIDAD PARA EL HOGAR
Dé a su niño(a) los siguientes números: 5, 6 y 11. Pídale que escriba tan rápido como pueda la familia de operaciones para esos números.

12

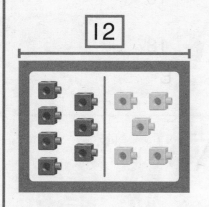

¿7 y cuántos más es 12?

o

$7 + \underline{5} = 12$

Por tanto, $12 - 7 = 5$.

Suma o resta. Usa cualquier estrategia.

1.	2.	3.	4.	5.	6.
11 $- 5$ 6	12 $- 6$	7 $+ 6$	2 $+ 1$	12 $- 3$	8 $+ 8$

7. $15 - 7 =$ _____

8. $10 + 9 =$ _____

9. $10 - 1 =$ _____

10.

	3	11
0		3
8	6	

11.

6		10
	9	18
15		

12.

	7	12
8		17
13	16	

13.

6		14
	10	
	18	

14. ¿Qué suma de dobles te puede ayudar a resolver $4 + 3$? Explica cómo lo sabes.

_____

_____

15. ☑ **Práctica para la evaluación** Escribe una ecuación de suma que te pueda ayudar a hallar $9 - 6$. Explica tu respuesta.

_____

_____

_____

Nombre _____

Práctica adicional 1-9
Resolver problemas verbales de suma y resta

¡Revisemos! Puedes usar fichas para resolver el problema.

Franca hizo 9 pulseras. Yoli hizo 5 pulseras.
¿Cuántas pulseras más que Yoli hizo Franca?

$\bigcirc\bigcirc\bigcirc\bigcirc\bigcirc\bigcirc\bigcirc\bigcirc\bigcirc$
$\bigcirc\bigcirc\bigcirc\bigcirc\bigcirc$

Puedes usar una estrategia de suma o resta como ayuda para resolver el problema.

Compara las pulseras. Cuenta hacia adelante desde 5
y suma para hallar cuántas pulseras más hizo Franca.

$5 \quad + \quad 4 \quad = \quad 9$

También puedes restar. $9 - 5 = 4$
Por tanto, Franca hizo 4 pulseras más que Yoli.

ACTIVIDAD PARA EL HOGAR
Invente problemas verbales de suma y resta. Pida a su niño(a) que use objetos pequeños, como clips o monedas, para sumar y restar para resolver los problemas. Pídale que escriba una ecuación para cada problema para mostrar cómo lo resolvió.

Escribe una ecuación para resolver cada problema. Usa fichas si es necesario.

1. Hay 6 insectos sobre una hoja
   y otros 2 insectos se les unen.
   ¿Cuántos insectos hay en total?

   _____ $\bigcirc$ _____ $\bigcirc$ _____

   _____ insectos

2. Hay 13 pelotas de béisbol en una caja
   y 8 pelotas en una bolsa.
   ¿Cuántas pelotas más hay en la caja?

   _____ $\bigcirc$ _____ $\bigcirc$ _____

   _____ pelotas más

3. **Hacerlo con precisión** David llevó su colección de caracoles a la escuela. Tiene 10 caracoles.

¿Cómo puede repartirlos en 2 tanques de modo que dos clases puedan verlos?

Escribe ecuaciones para todas las maneras posibles. Se da una de las maneras.

Explica cómo sabes que hallaste todas las maneras.

$$10 = 9 + 1$$

_____

_____

_____

_____

Escribe ecuaciones para resolver el problema. Usa fichas si es necesario.

4. **Razonamiento de orden superior** Paty tiene 9 tarjetas. Frank tiene 2 tarjetas más que Sam. Sam tiene 3 tarjetas.

¿Cuántas tarjetas más que Frank tiene Paty?

Tarjetas que tiene Frank: _____ ◯ _____ ◯ _____

Tarjetas más que Frank que tiene Paty:

_____ ◯ _____ ◯ _____

Paty tiene _____ tarjetas más que Frank.

5. **Práctica para la evaluación** Rosi tiene 10 muñecas. Carla tiene 7 muñecas. ¿Qué ecuaciones se pueden usar para hallar cuántas muñecas menos que Rosi tiene Carla? Escoge Sí o No.

$10 - 7 = 3$ ◯ Sí   ◯ No

$3 + 7 = 10$ ◯ Sí   ◯ No

$10 + 7 = 17$ ◯ Sí   ◯ No

$7 + 3 = 10$ ◯ Sí   ◯ No

Nombre _____

¡Revisemos! Tamara tiene 8 libros sobre animales y 4 libros sobre deportes. ¿Podría donar 9 de sus libros?

Resuelve y explica tu trabajo y razonamiento.

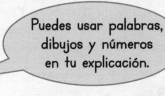
Puedes usar palabras, dibujos y números en tu explicación.

También puedes escribir 8 + 4 = 12 y 12 − 9 = 3. Estas ecuaciones muestran que Tamara puede donar 9 libros.

8 libros sobre animales   4 libros sobre deportes

Sí, Tamara puede donar 9 libros.

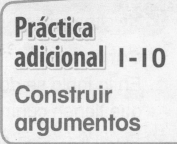
ACTIVIDAD PARA EL HOGAR
Cuente este cuento a su niño(a): "Omar tiene 3 calcomanías verdes y 8 azules. Si regala 5 de sus calcomanías, ¿le quedarán 6 calcomanías a Omar?". Pida a su niño(a) que resuelva el problema y explique su razonamiento usando palabras, dibujos y números.

Resuelve los problemas. Usa palabras, dibujos o números para crear un argumento matemático.

1. Alan tiene 17 calcomanías. Quiere regalarle 6 calcomanías a Julia y 7 a Mateo. ¿Cuántas calcomanías regalará Alan? Explícalo.

2. Trilce tiene 12 minutos libres. Quiere saltar la cuerda por 8 minutos y jugar a La traes por 5 minutos. ¿Tendrá Trilce suficiente tiempo? Explícalo.

Camisetas

En la tabla se da la cantidad de camisetas que tienen cuatro estudiantes.

¿Hay tres estudiantes que tengan un total de 20 camisetas? Si es así, ¿quiénes son esos estudiantes?

Cantidad de camisetas			
Ben	Mandy	Gori	Cindy
4	7	12	9

3. Entender ¿Qué operación usarás para resolver el problema? Explícalo.

_____

_____

_____

4. Razonar ¿Cómo resolverás el problema? Explícalo.

_____

_____

_____

5. Explicar Resuelve el problema. Usa palabras, dibujos y números para explicar tu trabajo y razonamiento.

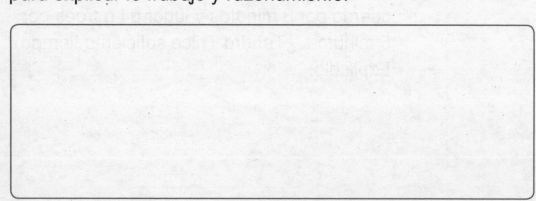

Práctica   Herramientas

¡Revisemos!

Un número **par** se puede mostrar como dos partes iguales de cubos.
Un número **impar** no se puede mostrar como dos partes iguales de cubos.

ACTIVIDAD PARA EL HOGAR Escoja un número del 2 al 20. Pida a su niño(a) que diga si es par o impar. Si es necesario, su niño(a) puede usar monedas como ayuda para resolver.

Hay 6 cubos.
¿Es 6 un número par o impar?
Traza líneas para unir los cubos.

Los cubos se pueden mostrar como dos partes iguales.
$3 + 3 = 6$

6 es un número __par__ .

Hay 7 cubos.
¿Es 7 un número par o impar?
Traza líneas para unir los cubos.

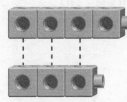

Los cubos no se pueden mostrar como dos partes iguales.
$4 + 3 = 7$

7 es un número __impar__ .

Traza líneas para unir los cubos.
Luego, indica si el número es par o impar.

1.

9 es un número _____ .

2.

12 es un número _____ .

3.

15 es un número _____ .

Vocabulario Di si el número es **par** o **impar**. Usa objetos si es necesario. Luego, completa la ecuación.

4. 8 es un número _____.

$4 +$ _____ $= 8$

5. 11 es un número _____.

$6 +$ _____ $= 11$

6. 18 es un número _____.

_____ $+ 9 = 18$

Sentido numérico Mira los dibujos. Encierra en un círculo el número que debes sumar o restar. Completa la ecuación.

7. La suma es un número **impar**.

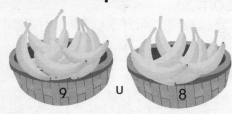

$5 +$ _____ $=$ _____

8. La diferencia es un número **impar**.

$15 -$ _____ $=$ _____

9. La diferencia es un número **par**.

$19 -$ _____ $=$ _____

10. **Razonamiento de orden superior** Susana está sumando tres números. El total es un número par entre 10 y 20. Muestra dos ecuaciones de suma que pueda haber escrito Susana.

_____ $+$ _____ $+$ _____ $=$ _____

_____ $+$ _____ $+$ _____ $=$ _____

11. ☑ **Práctica para la evaluación** Mira el número. Encierra en un círculo par o impar. Luego, escribe la ecuación.

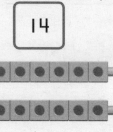

impar   par

_____ $+$ _____ $=$ _____

Nombre _____

¡Revisemos! Los dibujos muestran un número par y un número impar.

 _10_ (par) impar

2, 4, 6, 8, _10_

Escribe una ecuación para cada dibujo.

_5_ + _5_ = _10_

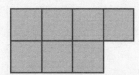 _7_ par (impar)

El último cuadrado de la fila superior **NO** tiene par.

_4_ + _3_ = _7_

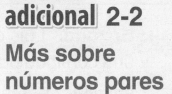

Puedes contar los cuadrados de 2 en 2 para saber si el número es par.

Escribe el número que representa el dibujo. Encierra en un círculo par o impar. Luego, escribe la ecuación.

I.

____ par impar

____ + ____ = ____

2.

____ par impar

____ + ____ = ____

3.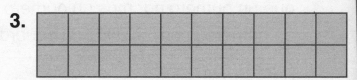

____ par impar

____ + ____ = ____

Resuelve los siguientes problemas.

4. Razonar Luis dice que tiene una cantidad par de pelotas de béisbol. ¿Estás de acuerdo? Explícalo. Haz un dibujo y escribe una ecuación como ayuda.

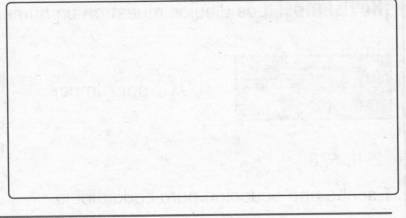

---

5. 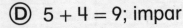 **Vocabulario** Haz un dibujo que muestre $8 + 8 = 16$. Luego, encierra en un círculo **par** o **impar**.

par   impar

6. **Vocabulario** Haz un dibujo que muestre $5 + 6 = 11$. Luego, encierra en un círculo **par** o **impar**.

par   impar

---

7. Razonamiento de orden superior Jacobo dice que un número par más un número impar forman un número impar. ¿Estás de acuerdo? Explícalo.

8. ☑ **Práctica para la evaluación** ¿Cuántos cuadrados se muestran? ¿Es una cantidad par o impar?

Ⓐ $3 + 3 = 6$; par

Ⓑ $4 + 3 = 7$; impar

Ⓒ $4 + 4 = 8$; par

Ⓓ $5 + 4 = 9$; impar

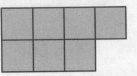

Nombre _____

¡Revisemos! Puedes usar una matriz para mostrar grupos iguales.

Hay 3 filas.
Hay 3 círculos
en cada fila.

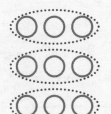
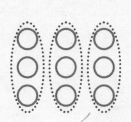

Hay 3 columnas.
Hay 3 círculos
en cada columna.

$\underline{3} + \underline{3} + \underline{3} = \underline{9}$

$\underline{3} + \underline{3} + \underline{3} = \underline{9}$

¡Puedes sumar los objetos de una matriz por filas o columnas!

Escribe dos ecuaciones que representen cada matriz.

I.

Por filas _____ + _____ + _____ = _____

Por columnas _____ + _____ = _____

2.

_____ + _____ + _____ = _____

_____ + _____ + _____ + _____ = _____

3.

_____

_____

Recuerda que debes escribir el total.

4.

_____

_____

5. enVision® STEM Las flores necesitan abejas. Hay 4 filas de flores. Cada fila tiene 4 flores. ¿Cuántas flores hay en total? Escribe una ecuación para resolver el problema.

_____ + _____ + _____ + _____ = _____

_____ flores

6. ☑ **Práctica para la evaluación** Gaby pone sus crayones en 3 filas. Hay 5 crayones en cada fila. ¿Qué ecuación muestra la matriz que forma Gaby y cuántos crayones hay en total?

Ⓐ $3 + 3 + 3 = 9$

Ⓑ $3 + 3 = 6$

Ⓒ $5 + 5 + 5 = 15$

Ⓓ $5 + 5 = 10$

Nombre _____

¡Revisemos! Forma una matriz y escribe una ecuación para el siguiente problema.

Tina coloca boles de sopa en una bandeja. Forma 3 columnas con 2 boles en cada columna. ¿Cuántos boles hay en la bandeja?

Primero, dibuja tres columnas con 2 boles en cada columna.

3 columnas

2 boles en cada columna

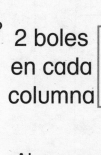

Las matrices tienen filas y columnas iguales.

ACTIVIDAD PARA EL HOGAR
Pida a su niño(a) que muestre cómo formaría una matriz para la ecuación $3 + 3 + 3 = 9$.

Ahora, escribe una ecuación que represente la matriz.

$\underline{2} + \underline{2} + \underline{2} = \underline{6}$ boles de sopa

Dibuja una matriz para mostrar cada problema. Usa la suma repetida para resolverlos.

1. La señora Smith coloca los escritorios de su clase en 5 columnas. En cada columna coloca 3 escritorios. ¿Cuántos escritorios hay en su clase?

_____ + _____ + _____ + _____ + _____ = _____ escritorios

2. Razonar Tim tiene 4 columnas de canicas. Hay 3 canicas en cada columna. ¿Cuántas canicas tiene en total?

3. Razonar Miki tiene 4 filas de galletas. Hay 5 galletas en cada fila. ¿Cuántas galletas tiene en total?

4. Razonamiento de orden superior Pili tiene 10 ositos de peluche en total. Si los tiene en 2 columnas, ¿cuántos ositos hay en cada columna? Dibuja una matriz y completa la ecuación.

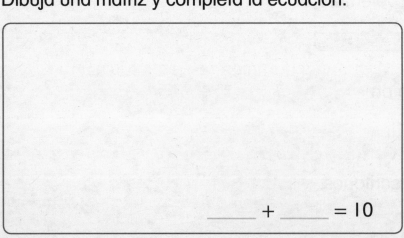

_____ + _____ = 10

5. ☑ **Práctica para la evaluación** Bernie tiene 3 columnas de insectos. Hay 5 insectos en cada columna. Escribe una ecuación que muestre cuántos insectos tiene Bernie en total.

Piensa en lo que significa la palabra columna.

Nombre _____

¡Revisemos! Puedes dibujar una matriz y escribir una ecuación para ayudarte a resolver los problemas.

Terri tiene 3 filas de juguetes. Cada fila tiene 2 juguetes. ¿Cuántos juguetes tiene Terri en total?

La ecuación 3 + 3 = 6 también representa el problema.

Ecuación: $2 + 2 + 2 = 6$

Por tanto, Terri tiene 6 juguetes en total.

ACTIVIDAD PARA EL HOGAR
Pida a su niño(a) que dibuje una matriz y luego escriba una ecuación para representar este problema: José tiene 2 bolsas. En cada bolsa hay 3 manzanas. ¿Cuántas manzanas tiene José en total?

Dibuja una matriz como ayuda para resolver cada problema. Luego, escribe una ecuación.

1. El jardín de Beth tiene 3 filas de girasoles. En cada fila hay 5 girasoles. ¿Cuántos girasoles tiene Beth en total?

Ecuación: _____

_____ girasoles

2. Hay 2 filas de naranjas en la mesa. Cada fila tiene 4 naranjas. ¿Cuántas naranjas hay en total?

Ecuación: _____

_____ naranjas

Plantar flores

La señora Díaz quiere plantar flores en su jardín. Tiene 10 tulipanes, 5 rosas y 10 narcisos. Quiere plantar las flores en una matriz donde cada fila tenga 5 flores. ¿Cuántas filas de flores tendrá su jardín?

Piensa en lo que significa una fila.

3. Entender ¿Qué sabes? ¿Qué se te pide que halles?

_____

_____

_____

_____

4. Explicar La señora Díaz piensa que debe plantar las flores en 4 filas de 5 flores. ¿Tiene sentido su plan? Explica por qué.

_____

_____

_____

_____

5. Representar Dibuja una matriz para mostrar cómo debe plantar sus flores la señora Díaz. Rotula las flores. ¿Cuántas filas hay en su jardín?

Práctica Herramientas

¡Revisemos!

Halla 16 + 23.

Una manera

1	2	3	4	5	6	7	8	9	10
11	12	13	14	15	16	17	18	19	20
21	22	23	24	25	26	27	28	29	30
31	32	33	34	35	36	37	38	39	40
41	42	43	44	45	46	47	48	49	50
51	52	53	54	55	56	57	58	59	60
61	62	63	64	65	66	67	68	69	70
71	72	73	74	75	76	77	78	79	80
81	82	83	84	85	86	87	88	89	90
91	92	93	94	95	96	97	98	99	100

1. Empieza en la casilla 16.

2. Baja 2 filas para mostrar las decenas de 2 3.

3. Muévete 3 casillas a la derecha para agregar las unidades de 2 3 .

4. ¿Dónde te detuviste? __39__

Por tanto, __16__ + __23__ = __39__ .

También puedes empezar en 23 para hallar la suma. Inténtalo.

ACTIVIDAD PARA EL HOGAR
Pida a su niño(a) que describa cómo sumar 37 y 16 en una tabla de 100.

Suma con la tabla de 100.

1. 12 + 11 = _____

2. 31 + 45 = _____

3. 81 + 14 = _____

4. $24 + 1\square = 39$

5. $4\square + 31 = 72$

6. $74 + \square 4 = 8\square$

---

7. enVision® STEM Hay 21 volcanes activos en California y 17 volcanes activos en Hawái.
¿Cuántos volcanes activos hay en California y Hawái?

_____ volcanes activos

8. Razonar Kenny lanzó dos bolsas de frijoles contra el blanco. Anotó 79 puntos. Una de las bolsas dio en el 61.
¿En qué número dio la otra bolsa?

53	28
61	18

La otra bolsa dio en el _____.

---

9. Razonamiento de orden superior Explica cómo puedes usar una tabla de 100 para hallar el número que falta.

$63 + \boxed{?} = 87$

_____

_____

_____

El número que falta es _____.

10. ☑ **Práctica para la evaluación** ¿Cuáles de las siguientes opciones dan un total de 64? Escoge todas las que apliquen.

☐ $22 + 24$

☐ $33 + 31$

☐ $45 + 19$

☐ $54 + 8$

¡Revisemos! Puedes sumar números de dos dígitos contando hacia adelante en una recta numérica vacía. 46 + 27 = ?

Una manera

Escribe 46 en una recta numérica vacía.

Cuenta hacia adelante 2 decenas desde 46.

Puedo usar esta estrategia para sumar cualquier número.

Cuenta hacia adelante 7 unidades desde 66.

Por tanto, 46 + 27 = 73.

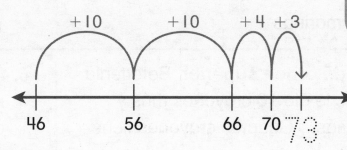

+10   +10

46   56   66

+10   +10   +4 +3

46   56   66 70 73

ACTIVIDAD PARA EL HOGAR
Pida a su niño(a) que muestre cómo hallaría 28 + 13 usando una recta numérica vacía.

Usa una recta numérica vacía para hallar cada suma.

I. 34 + 25 = _____

2. 57 + 18 = _____

3. Razonar Jaime vio 10 crías de tortugas en la orilla del mar. Luego, vio 23 crías más. ¿Cuántas crías de tortugas marinas vio Jaime en total?

_____ tortugas marinas

4. Razonar Elvira tenía 45 cuentas. Iván le dio 26 cuentas más. ¿Cuántas cuentas tiene Elvira en total?

_____ cuentas

5. Razonamiento de orden superior Beto tenía 58 crayones. Eric le dio 10 crayones más y Mirna le dio 14 más. ¿Cuántos crayones tiene Beto en total?

_____ crayones

Una recta numérica vacía puede mostrar más de dos sumandos.

6. ☑ Práctica para la evaluación Usa los números de las tarjetas. Escribe los números que faltan debajo de la recta numérica para mostrar cómo hallar la suma.

| 86 | 60 | 80 | 70 |

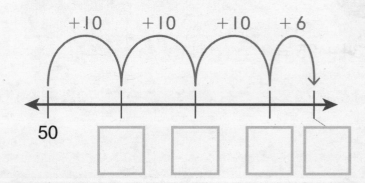

$50 + 36 =$ _____

Nombre _____

¡Revisemos!

Halla 25 + 34.

Piensa en 25 más 3 decenas y 4 unidades.

25   +   34

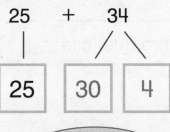

| 25 | 30 | 4 |

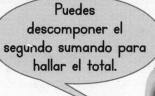

Puedes descomponer el segundo sumando para hallar el total.

Una manera

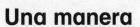

Cuenta hacia adelante de 10 en 10 para sumar 3 decenas.

25, <u>35</u>, <u>45</u>, <u>55</u>

Luego, cuenta hacia adelante de 1 en 1 para sumar 4 unidades.

55, <u>56</u>, <u>57</u>, <u>58</u>, <u>59</u>

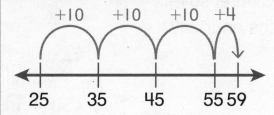

Por tanto, 25 + 34 = 59.

ACTIVIDAD PARA EL HOGAR
Pida a su niño(a) que explique cómo sumar 43 + 26 mentalmente.

Descompón los números para hallar las sumas. Muestra tu trabajo. Haz dibujos si es necesario.

1. 16 + 22 = _____

2. 47 + 29 = _____

3. 56 + 35 = _____

4. $14 + 28 =$ _____

5. $26 + 48 =$ _____

6. $43 + 17 =$ _____

7. Descompón los números para resolver el problema. Muestra tu trabajo.

Lily tiene 46 canciones en su reproductor de música. Tania tiene 53 canciones en el suyo. ¿Cuántas canciones tienen las dos en total?

_____ canciones

8. Álgebra Escribe el número que falta.

$50 + \triangle = 75$

$\triangle + 25 = 50$

$\triangle = $ _____

$\blacksquare + 38 = 80$

$30 + \blacksquare = 72$

$\blacksquare = $ _____

9. Razonamiento de orden superior Usa los números de las tarjetas. Usa cada número una vez para escribir una ecuación verdadera.

| 6 | 7 | 8 |

$1\boxed{} + \boxed{}5 = \boxed{}2$

10. ☑ **Práctica para la evaluación** ¿Cuál de las siguientes opciones tiene un total de 60? Escoge todas las que apliquen.

☐ $30 + 30$

☐ $35 + 35$

☐ $45 + 15$

☐ $50 + 10$

Práctica   Herramientas

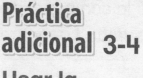

¡Revisemos! Hay muchas maneras diferentes de usar la compensación para formar números que sean fáciles de sumar mentalmente.

Usa la compensación para hallar $47 + 28$.

Una manera

- Dale **3** a 47 para formar 50.
  Dale **2** a 28 para formar 30.

$$47 + 28$$
$$+3 \quad +2$$

- Entonces, es fácil sumarlos mentalmente.

$$50 + 30 = 80$$

La compensación es una manera de formar números que sean fáciles de sumar mentalmente.

- Sumaste $3 + 2 = 5$. Así que, resta **5** de 80 para hallar la respuesta. Desde 80 puedes contar 5 hacia atrás para comprobar tu respuesta.

$$80 - 5 = 75$$

80, <u>79</u>, <u>78</u>, <u>77</u>, <u>76</u>, <u>75</u>

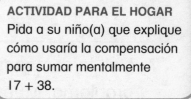

Por tanto, $47 + 28 = 75$.

Usa la compensación para formar números que sean más fáciles de sumar. Luego, resuelve. Muestra tu trabajo.

I. $26 + 6 =$ _____

2. $17 + 19 =$ _____

3. $39 + 54 =$ _____

Usa la compensación para formar números que sean más fáciles de sumar. Luego, resuelve. Muestra tu trabajo.

4. $24 + 18 =$ _____

5. $25 + 27 =$ _____

6. $43 + 32 =$ _____

7. Usa la compensación para resolver el problema. Muestra tu trabajo.

Wendy halló 13 insectos y Sally halló 27. ¿Cuántos insectos hallaron en total las dos?

_____ insectos

8. Razonamiento de orden superior Usa la compensación para escribir 3 ecuaciones diferentes con la misma suma de $38 + 16$. Luego, resuélvelas.

$38 + 16 =$ _____

A. _____ + _____ = _____

B. _____ + _____ = _____

C. _____ + _____ + _____ = _____

9. ☑ **Práctica para la evaluación** ¿Cuáles de las siguientes opciones son iguales a $14 + 8$? Escoge todas las que apliquen.

☐ $12 + 6$

☐ $12 + 10$

☐ $10 + 12$

☐ $10 + 4 + 8$

10. ☑ **Práctica para la evaluación** ¿Cuáles de las siguientes opciones son iguales a $26 + 16$? Escoge todas las que apliquen.

☐ $30 + 10 + 2$

☐ $30 + 12$

☐ $25 + 20$

☐ $20 + 22$

¡Revisemos! Halla 24 + 56.

Una manera

Paso 1: Recuerda: 24 + 56 = 56 + 24.

Paso 2: Escribe _56_ en una recta numérica vacía.

Paso 3: Cuenta hacia adelante _2_ decenas desde 56 y llegarás a _76_.

Paso 4: Luego, cuenta hacia adelante _4_ unidades desde 76 y llegarás a _80_.

Por tanto, 24 + 56 = _80_.

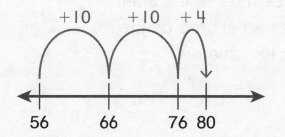

$+10 \quad +10 \quad +4$

56   66   76 80

Puedes sumar los números en cualquier orden y obtener el mismo total.

Suma usando una recta numérica vacía u otra estrategia. Muestra tu trabajo.

1. 38 + 6 = _____

2. 29 + 67 = _____

3. 48 + 34 = _____

4. Razonar Hay 43 estudiantes en el área de juego. Algunos estudiantes más se les unen. Ahora, hay 63 estudiantes en el área de juego. ¿Cuántos estudiantes se les unieron?

_____ estudiantes

5. Roger tiene 14 uvas. Lisa tiene 49. ¿Cuántas uvas tienen Roger y Lisa en total?

_____ uvas

6. Razonamiento de orden superior Dos equipos reunieron latas para una colecta de alimentos. ¿Cuántas latas reunieron en total? Explica tu trabajo.

Equipo Rojo		Equipo Azul	
Niños	**Niñas**	**Niños**	**Niñas**
23	28	12	30

7. Usa cualquier estrategia para hallar $34 + 49$. Explica tu trabajo.

_____

_____

_____

_____

8. ☑ **Práctica para la evaluación** Víctor usó una tabla de 100 para hallar una suma. Empezó en 27. Luego, se movió 1 fila hacia abajo y 2 espacios hacia adelante.

¿Qué suma halló?

Ⓐ 30   Ⓒ 49

Ⓑ 39   Ⓓ 57

Nombre _____

¡Revisemos! Escribe ecuaciones para resolver problemas de dos pasos.

Allison juntó 23 piedras.

Jesús juntó 15 piedras más que Allison.

Felipe juntó 3 piedras menos que Allison.

¿Cuántas piedras tiene Jesús?

¿Cuántas piedras tiene Felipe?

Cantidad de piedras que tiene Jesús: $23 + 15 = ?$

$23 + 10 = 33$ y $33 + 5 = 38$

Por tanto, Jesús tiene ___38___ piedras.

Puedes contar 3 hacia atrás desde 23 para hallar la cantidad de piedras que tiene Felipe.

23, ___22___ , ___21___ , ___20___ Por tanto, Felipe tiene ___20___ piedras.

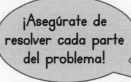
¡Asegúrate de resolver cada parte del problema!

ACTIVIDAD PARA EL HOGAR
Invente problemas-cuento que requieran dos preguntas, o pasos, para resolverse. Pida a su niño(a) que resuelva los dos pasos de cada problema.

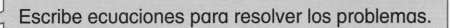
Escribe ecuaciones para resolver los problemas.

1. En la clase del señor Jarrín hay 4 estudiantes menos que en la clase del señor Cano. En la clase del señor Cano hay 20 estudiantes. ¿Cuántos estudiantes hay en la clase del señor Jarrín?

_____ – _____ = _____

_____ estudiantes

2. En un tazón hay 13 uvas verdes y 7 uvas rojas. Jano se come 5 de las uvas. ¿Cuántas uvas hay ahora en el tazón?

_____ + _____ = _____

_____ – _____ = _____

_____ uvas

3. $\blacksquare + 42 = 58$

$\blacksquare = $ _____

4. $33 + 49 = \blacktriangle$

$\blacktriangle = $ _____

5. $76 + \bullet = 89$

$\bullet = $ _____

Escribe ecuaciones para resolver cada problema.

6. Hay 6 niñas en un parque. 6 niños se les unen. Luego, 4 niñas se van a casa. ¿Cuántos niños y niñas hay ahora en el parque?

_____ + _____ = _____

_____ − _____ = _____

_____ niños y niñas

7. **Razonamiento de orden superior** El señor Villa tiene 23 estudiantes en su clase. En la clase de la señora Andrade hay 3 estudiantes más que en la del señor Villa. ¿Cuántos estudiantes hay en total?

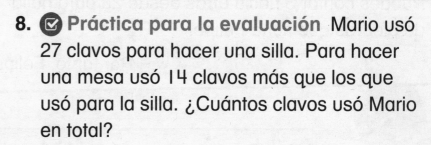

Revisa tu trabajo. ¿Tiene sentido tu respuesta?

_____ estudiantes

8. ☑ **Práctica para la evaluación** Mario usó 27 clavos para hacer una silla. Para hacer una mesa usó 14 clavos más que los que usó para la silla. ¿Cuántos clavos usó Mario en total?

Ⓐ 78

Ⓑ 68

Ⓒ 41

Ⓓ 31

Nombre _____

¡Revisemos! Resuelve el problema. Usa dibujos, palabras o ecuaciones para construir un argumento matemático.

Jazmín leyó 23 páginas de un libro la semana pasada y esta semana leyó 26 más. ¿Cuántas páginas leyó Jazmín en total?

23	24	25	26	27	28	29
33	34	35	36	37	38	39
43	44	45	46	47	48	49

Puedo usar una tabla de 100 para resolver el problema. Puedo comenzar en 23 y contar hacia adelante 2 decenas y luego 6 unidades para sumar 26. Llego a 49. Por tanto, 23 + 26 = 49.

23 ⊕ 26 ⊜ 49 páginas. Jazmín leyó 49 páginas en total.

Resuelve el problema. Usa dibujos, palabras o ecuaciones para construir un argumento matemático. Muestra tu trabajo.

1. Hace un año el perrito de Mappy pesaba 16 libras. Ahora pesa 37 libras más. ¿Cuánto pesa el perrito de Mappy ahora?

_____ ◯ _____ ◯ _____ libras

Ligas

Juan quiere comprar 1 bolsa pequeña de ligas y 1 bolsa mediana de ligas. ¿Con eso comprará más ligas que si compra una bolsa grande? Explícalo.

Cantidad de ligas en una bolsa		
Pequeña	Mediana	Grande
25	45	70

2. Entender ¿Qué información se da en el problema? ¿Qué necesitas hallar?

_____

_____

_____

3. Razonar Juan quiere usar fichas para resolver el problema. ¿Crees que la herramienta que escogió Juan es una buena opción? ¿Por qué?

_____

_____

_____

4. Explicar Si Juan compra 1 bolsa pequeña y 1 bolsa mediana de ligas, ¿tendrá más ligas que si compra una bolsa grande? Construye un argumento matemático.

_____

_____

_____

_____

_____

Práctica   Herramientas

Práctica adicional 4-1
Sumar números de 2 dígitos usando modelos

¡Revisemos! Puedes usar estos pasos para sumar. Suma $46 + 18$.

Paso 1: Muestra las decenas y unidades de 46 y 18.
Forma 1 decena con 10 unidades.

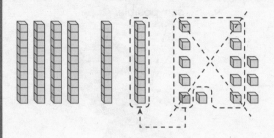

Paso 2: Cuenta las decenas. Cuenta las unidades.

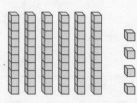

Por tanto, $46 + 18 = \underline{64}$.

ACTIVIDAD PARA EL HOGAR
Pida a su niño(a) que le muestre cómo sumar $27 + 34$ usando bloques de valor de posición. Pídale que le explique cada paso de la suma.

Suma. Usa bloques de valor de posición para hallar las sumas. Reagrupa si es necesario.

1. $24 + 29 = $ _____

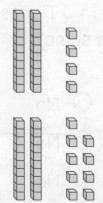

2. $37 + 45 = $ _____

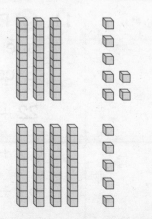

3. $42 + 26 = $ _____

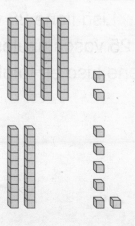

4. 57 + 27 = _____

5. 62 + 15 = _____

6. 19 + 33 = _____

Recuerda que debes reagrupar 10 unidades en 1 decena de ser posible.

7. 27 + 18 = _____

8. 23 + 57 = _____

9. 38 + 24 = _____

10. Razonar Lisa tiene 38 vasos rojos y también 25 vasos azules. ¿Cuántos vasos tiene Lisa en total?

_____ vasos

11. ☑ **Práctica para la evaluación** ¿Tienes que reagrupar para hallar cada suma? Escoge Sí o No.

22 + 41 = ?   ◯ Sí   ◯ No

19 + 60 = ?   ◯ Sí   ◯ No

64 + 28 = ?   ◯ Sí   ◯ No

39 + 52 = ?   ◯ Sí   ◯ No

Tema 4 | Lección 1

Nombre _____

¡Revisemos!

Halla 36 + 28.

Paso 1

Dibuja los números.
Suma las decenas.

3 decenas y 2 decenas

$30 + 20 =$ _50_

Paso 2

Suma las unidades.

$6 + 8 =$ _14_

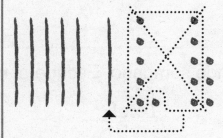

Forma 1 decena con 10 unidades.

Suma: $50 + 10 + 4 = 64$

Otra manera

    3 decenas +   6 unidades
+ _2_ decenas + _8_ unidades
_____
    5 decenas + _14_ unidades

Reagrupa

    5   1   4
decenas decena unidades

_50_ + _10_ + _4_ = _64_

Por tanto, $36 + 28 = 64$.

ACTIVIDAD PARA EL HOGAR
Escriba 27 + 44 en una hoja de papel. Pida a su niño(a) que dibuje bloques de valor de posición y reagrupe para hallar el total.

Suma. Usa el valor de posición. Dibuja bloques o usa otra manera.

1. $24 + 35 =$ _____

2. $17 + 44 =$ _____

3. $58 + 24 =$ _____

4. $25 + 65 =$ _____

Hacerlo con precisión Suma. Usa el valor de posición.
Dibuja bloques o usa otra manera.

5. 53 + 23 = _____

6. 35 + 28 = _____

7. 39 + 48 = _____

8. 69 + 27 = _____

9. Razonamiento de orden superior Dibuja el segundo sumando. Escribe el número.

Primer sumando

Segundo sumando

Total

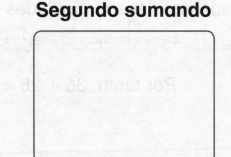

Piensa en el valor de posición cuando dibujas.

10. Álgebra Escribe el número que falta.

28 + ▮ = 48

▮ = _____

▲ + 18 = 68

▲ = _____

11. ☑ **Práctica para la evaluación** ¿Cuál es el total de 12 + 17?

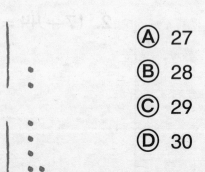

Ⓐ 27

Ⓑ 28

Ⓒ 29

Ⓓ 30

¡Revisemos! Halla 32 + 45. Usa sumas parciales y dibujos de bloques de valor de posición.

Muestra cada sumando como decenas y unidades.

Escribe el problema de esta manera.   32 + 45 = ?

Paso 1: Suma las decenas.   30 + 40 = 70

Paso 2: Suma las unidades.   2 + 5 = 7

Paso 3: Suma las sumas parciales.   70 + 7 = 77

Dibuja

Por tanto, 32 + 45 = __77__ .

Suma. Usa sumas parciales. Dibuja bloques si es necesario.

1. 23 + 16 = _____

Suma las decenas.

_____ + _____ = _____

Suma las unidades.

_____ + _____ = _____

Suma las sumas parciales.

_____ + _____ = _____

2. 35 + 29 = _____

Suma las decenas.

_____ + _____ = _____

Suma las unidades.

_____ + _____ = _____

Suma las sumas parciales.

_____ + _____ = _____

3. **Entender** 28 hojas cayeron de un árbol. Luego, cayeron 32 más. ¿Cuántas hojas cayeron en total?

_____ hojas

4. Liam puso 6 carros en su pista de carrera. Jano puso 8 carros en la pista. Kim puso 4 más. ¿Cuántos carros hay en la pista ahora?

_____ carros

5. **Razonamiento de orden superior** Escribe los números que faltan. ¿Qué patrón ves?

$34 + \boxed{} = 44$

$44 + \boxed{} = 54$

$54 + \boxed{} = 64$

6. **Práctica para la evaluación** ¿Cuál es el total de $16 + 37$? Usa sumas parciales para resolver.

Ⓐ 16

Ⓑ 21

Ⓒ 43

Ⓓ 53

Nombre _____

¡Revisemos! Halla 34 + 27.

Paso 1
Dibuja los sumandos.

Suma las decenas.

3 decenas + 2 decenas

$30 + 20 =$ _50_

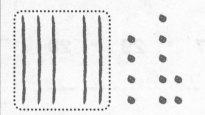

Paso 2
Suma las unidades.

$4 + 7 =$ _11_

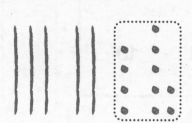

Paso 3
Anota tu trabajo.

Suma las sumas parciales.

	Decenas	Unidades
+	3	4
	2	7
Decenas:	5	0
Unidades:	1	1
Total:	6	1

Por tanto, $34 + 27 = 61$.

ACTIVIDAD PARA EL HOGAR
En una hoja de papel, escriba 28 + 45. Pida a su niño(a) que halle la suma usando dibujos de bloques de valor de posición y sumas parciales. Cuando termine, pídale que le explique su trabajo.

Escribe el problema de suma. Suma. Usa dibujos de bloques y sumas parciales.

1. 18 + 26

	Decenas	Unidades
+		
Decenas:		
Unidades:		
Total:		

2. 75 + 14

	Decenas	Unidades
+		
Decenas:		
Unidades:		
Total:		

3. 31 + 39

	Decenas	Unidades
+		
Decenas:		
Unidades:		
Total:		

4. 37 + 25

	Decenas	Unidades
+		
Decenas:		
Unidades:		
Total:		

Razonamiento de orden superior Lee la suma o total. Encierra en un círculo todos los pares de números de cada recuadro que coincidan con esa suma o total.

5. Suma o total 22

10	4	18
12	15	14
20	21	13

6. Suma o total 55

25	30	14
18	14	45
15	21	10

7. Suma o total 83

30	45	30
56	19	64
27	29	20

8. 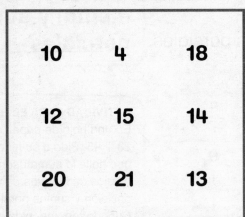 **Vocabulario** Pablo tiene una pila de 47 tarjetas y otra de 36 tarjetas. ¿Cuántas tarjetas tiene en total?

_____ tarjetas

Hazlo con precisión.

Completa los espacios en blanco.

Los **sumandos** que puedes usar para resolver este problema son

_____ y _____ .

9. ☑ **Práctica para la evaluación** Halla 64 + 28. Usa dibujos y números para mostrar cómo resolviste el problema.

64 + 28 = _____

Nombre _____

¡Revisemos!

Halla 46 + 25.

¡Puedes sumar mentalmente! Descompón el segundo sumado de diferentes maneras.

Descompón el segundo sumando para formar 10.

Piensa: ¿Qué número más 46 es igual a 50?

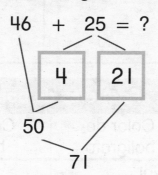

46 + 25 = ?

4   21

50

71

Forma 10.

46 + 4 = 50

Suma mentalmente.

50 + 21 = 71

Por tanto,
46 + 25 = 71.

ACTIVIDAD PARA EL HOGAR
Pida a su niño(a) que muestre cómo él o ella descompondrían números para hallar 29 + 46 mentalmente.

Halla las sumas usando el cálculo mental.
Haz dibujos de bloques si es necesario.

1. 33 + 16 = _____

2. 35 + 48 = _____

3. 67 + 28 = _____

4. 57 + 19 = _____

Generalizar Resuelve los problemas mentalmente. Muestra tu trabajo. Piensa en los pasos que das cada vez que descompones números para sumar.

5. 32 + 12 = ______

6. 54 + 7 = ______

7. 37 + 43 = ______

8. Razonamiento de orden superior
Carla compra dos paquetes de bolígrafos. Compra 49 bolígrafos en total. ¿Qué colores tienen los bolígrafos que compra Carla? Muestra cómo hallaste tu respuesta.

Paquetes de bolígrafos

Color de bolígrafo	Cantidad de bolígrafos
Azul	25
Negro	12
Rojo	24
Verde	33

9. **Práctica para la evaluación** Usa el cálculo mental para hallar 19 + 43. Explica por qué la estrategia funciona.

Nombre _____

¡Revisemos! Puedes usar diferentes estrategias para hallar $14 + 24 + 36 + 23$.

Una manera

Escribe los números como decenas y unidades. Suma las decenas. Suma las unidades. Luego, suma las sumas parciales.

Decenas	Unidades
1	4
2	4
3	6
+ 2	3
Decenas: 8	0
Unidades: 1	7
Total: 9	7

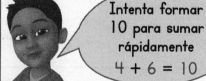
Intenta formar 10 para sumar rápidamente
$4 + 6 = 10$

Otra manera

Suma en cualquier orden.

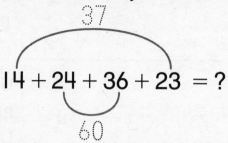
37

$$14 + 24 + 36 + 23 = ?$$

60

Luego, suma las sumas parciales.
$37 + 60 = 97$
Por tanto,
$14 + 24 + 36 + 23 = \underline{97}$.

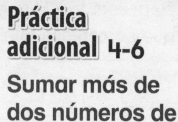

ACTIVIDAD PARA EL HOGAR
Pida a su niño(a) que halle la suma de $16 + 14 + 6$ usando dos estrategias diferentes.

Suma. Usa sumas parciales o suma en cualquier orden.

1. $21 + 10 + 24 + 29 =$ _____

2. $12 + 17 + 24 =$ _____

3. $12 + 15 + 38 =$ _____

4. $45 + 13 + 15 + 22 =$ _____

5. $27 + 22 + 36 =$ _____

6. $29 + 23 + 19 + 11 =$ _____

7. Total: 83

5   44   12   19   10   20

Un número es la suma de $22 + 22$.
Un número es 1 menos que 20.
Un número es mayor que 19 y
menor que 44.

8. Total: 72

36   12   25   7   33   14

Un número tiene dos veces el
mismo dígito.
Un número es mayor que 12 y
menor que 25.
Un número es 20 más que 5.

9. Razonamiento de orden superior La
familia de Marcos donó ropa para obras
benéficas. Marcos donó 16 camisas.
Su hermano donó 14 camisas y su madre
donó 9 camisas más que Marcos. ¿Cuántas
camisas donó la familia de Marcos?

10. ☑ **Práctica para la evaluación** Halla el total.
Usa cualquier estrategia. Muestra tu trabajo.

$37 + 39 + 12 + 11 =$ _____

_____ camisas

Práctica Herramientas

¡Revisemos! Halla $34 + 29 + 18 + 6$. Una estrategia que puedes usar son las sumas parciales.

$$
\begin{array}{r}
34 \\
29 \\
18 \\
+\ 6 \\
\hline
60 \\
+\ 27 \\
\hline
87
\end{array}
$$

Paso 1: Suma las decenas en cualquier orden.

$30 + 20 + 10 = 50 + 10 = 60$

Paso 2: Suma las unidades en cualquier orden.

$(4) + 9 + 8 + (6) = ?$

$10 + 17 = 27$

Paso 3: Suma las sumas parciales.

Piensa: $60 + 27 = ?$

$60 + 20 + 7 = 87$

Por tanto, $34 + 29 + 18 + 6 = 87$.

Suma en cualquier orden. Te ayuda a formar 10.
$4 + 6 = 10$

ACTIVIDAD PARA EL HOGAR Escriba $22 + 33 + 18 + 7$ en una hoja de papel. Pida a su niño(a) que le muestre cómo hallar la suma o total usando cualquier estrategia.

Suma usando sumas parciales o cualquier estrategia.

1. $28 + 13 + 7 = $ _____

2. $34 + 26 + 5 = $ _____

3. $31 + 24 + 11 + 9 = $ _____

4. $8 + 13 + 22 = $ _____

5. $16 + 4 + 28 + 48 = $ _____

6. $20 + 6 + 17 + 46 = $ _____

Sentido numérico Halla el número que falta.

7. $6 + 13 + 4 + 7 = \boxed{}$

8. $5 + 15 + 12 + \boxed{} = 38$

9. Razonamiento de orden superior Escribe un problema-cuento sobre suma con 3 o más sumandos. Luego, resuelve el problema. Muestra tu trabajo.

10. ☑ **Práctica para la evaluación** Halla el total de $25 + 18 + 35$. Usa cualquier estrategia. Muestra tu trabajo.

$25 + 18 + 35 = $ _____

Nombre _____

¡Revisemos! Puedes usar un diagrama de barras y sumas parciales para resolver el problema.

Hay 33 carros rojos, 27 carros grises y 25 carros azules en el estacionamiento. ¿Cuántos carros hay en total?

Decenas	Unidades
3	③
2	⑦
+ 2	5
Decenas: 7	0
Unidades: 1	5
Total: 8	5

85

| 33 | 27 | 25 |

_85_ carros

Suma en cualquier orden. Eso te ayuda a formar 10.
$3 + 7 = 10$
$10 + 5 = 15$

ACTIVIDAD PARA EL HOGAR
Escriba $39 + 14 + 11$ en una hoja de papel. Pida a su niño(a) que le muestre cómo hallar el total usando una estrategia que haya aprendido.

Resuelve el problema. Muestra tu trabajo.

1. El lunes, Matt depositó 32 centavos en su banco. El martes, depositó 25 centavos. El miércoles, depositó 18 centavos. ¿Cuánto dinero depositó Matt en esos tres días?

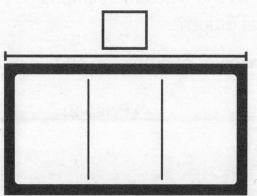

Decenas	Unidades
+	
Decenas:	
Unidades:	
Total:	

_____ centavos

2. Alexis tiene 16 duraznos, 18 manzanas y 12 peras para la merienda de su clase en la escuela. ¿Cuántas frutas tiene Alexis en total?

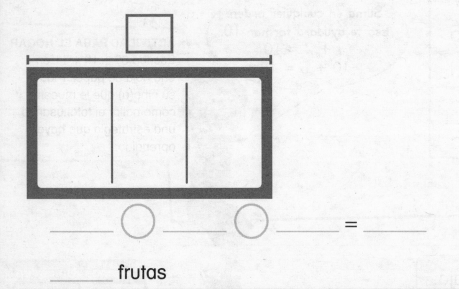

_____ frutas

3. Razonamiento de orden superior Carlo tiene 16 gorros. Guarda 9 gorros en una caja. Luego, le dan 27 gorros más. ¿Cuántos gorros le quedan?

Paso 1:

_____ ◯ _____ = _____

Paso 2:

_____ ◯ _____ = _____

_____ gorros

4. ☑ **Práctica para la evaluación** El grupo de danza tiene 13 bailarines. Luego, se les unen 7 bailarines más. Si la siguiente semana se retiran 10 bailarines, ¿cuántos bailarines hay ahora en el grupo?

Muestra cómo puedes resolver el problema en dos pasos.

Paso 1:

Paso 2:

El grupo tiene _____ bailarines ahora.

Práctica Herramientas

¡Revisemos! Completa el diagrama de barras y la ecuación para representar y resolver el problema.

Pablo tiene 23 fichas.
Le dan 27 fichas más.
¿Cuántas fichas tiene Pablo en total?

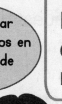

Puedes mostrar dibujos o números en un diagrama de barras.

$$23 + 27$$

Decenas: 40
Unidades: 10
Total: 50

23 + 27 = ?

Pablo tiene 50 fichas en total.

ACTIVIDAD PARA EL HOGAR
Pida a su niño(a) que dibuje un diagrama de barras y escriba una ecuación para representar y hallar $14 + 19$.

Haz un modelo para mostrar el problema. Luego, usa el modelo para resolverlo. Muestra tu trabajo.

¡Explica de qué manera tu modelo muestra el problema!

1. Había 38 yoyós en una juguetería.
   Después, la juguetería pidió 12 yoyós más.
   ¿Cuántos yoyós tiene la juguetería ahora?

En la ruta

El diagrama muestra las distancias en pies de un animal a otro. ¿Cuál es la distancia total de la vaca a la gallina, la gallina al caballo, el caballo al cerdo y el cerdo a la vaca?

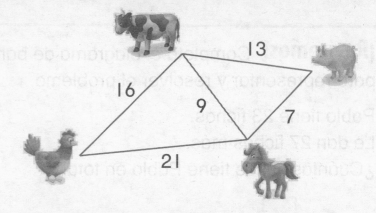

2. **Entender** ¿Qué sabes? ¿Qué se te pide que halles?

_____

_____

_____

_____

3. **Representar** Haz un modelo que te ayude a hallar la distancia total en el problema. Explica por qué escogiste el modelo que usaste.

4. **Representar** Usa otro modelo para resolver el problema de una manera diferente. Explica qué modelo crees que es mejor.

Nombre _____

Práctica   Herramientas

¡Revisemos! Esta es una manera de restar en una tabla de 100.

Halla 36 – 24.

1. Empieza en 36.

2. Sube 2 filas para restar ___2___ decenas.

3. Muévete 4 columnas hacia la izquierda para restar ___4___ unidades.

4. Por tanto, 36 – 24 = 12.

1	2	3	4	5	6	7	8	9	10
11	12	13	14	15	16	17	18	19	20
21	22	23	24	25	26	27	28	29	30
31	32	33	34	35	36	37	38	39	40
41	42	43	44	45	46	47	48	49	50
51	52	53	54	55	56	57	58	59	60
61	62	63	64	65	66	67	68	69	70
71	72	73	74	75	76	77	78	79	80
81	82	83	84	85	86	87	88	89	90
91	92	93	94	95	96	97	98	99	100

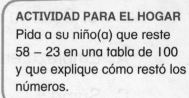

ACTIVIDAD PARA EL HOGAR
Pida a su niño(a) que reste 58 – 23 en una tabla de 100 y que explique cómo restó los números.

Resta usando la tabla de 100.

1. 87 – 7 = _____

2. 79 – 48 = _____

3. 65 – 41 = _____

4. 99 – 52 = _____

5. 35 – 13 = _____

6. _____ = 84 – 33

7. $\boxed{}3 - 2\boxed{} = 71$

8. $5\boxed{} - \boxed{}1 = 14$

9. $78 - \boxed{}5 = 4\boxed{}$

---

10. Buscar patrones Hay un tesoro escondido debajo de una de las rocas. Sigue las pistas para hallar el tesoro. Colorea cada roca a la que llegues.

A. Empieza en 55.

B. Resta 20.

C. Suma 5.

D. Suma 20.

E. Suma 10.

F. Resta 5.

G. Resta 20.

H. Suma 5.

I. Resta 20.

J. Resta 5.

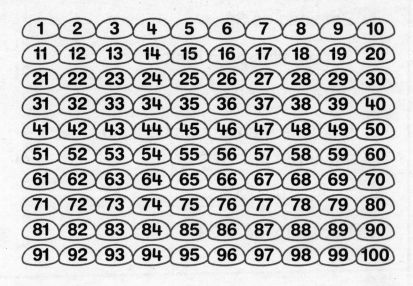

El tesoro está escondido debajo de la última roca que coloreaste.

¿Cuál es el número de esa roca? _____

Describe el patrón que ves en los números que coloreaste.

---

11. En una bandeja donde caben 36 panecillos, Diana pone 12 panecillos. ¿Cuántos panecillos más puede poner en la bandeja?

Ⓐ 24   Ⓑ 23   Ⓒ 22   Ⓓ 21

12. ☑ **Práctica para la evaluación** ¿Cuál de las siguientes opciones tiene una diferencia de 21? Selecciona todas las que apliquen.

☐ 57 – 36

☐ 71 – 50

☐ 86 – 67

☐ 98 – 77

Nombre _____

¡Revisemos! Halla 83 − 35.

3 decenas   5 unidades

¿Cuántas decenas y unidades debes restar?

Primero, ubica 83 en una recta numérica vacía. Luego, cuenta hacia atrás 3 decenas y 5 unidades para restar 35.

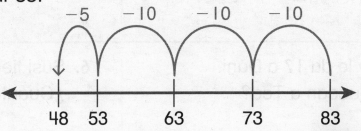

−5   −10   −10   −10

48   53   63   73   83

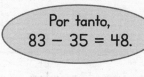
Por tanto, 83 − 35 = 48.

Usa una recta numérica vacía para hallar cada diferencia.

1. 95 − 23 = _____

2. 30 − 15 = _____

3. 87 − 23 = _____

4. 54 − 19 = _____

5. Ted tiene 43 uvas y le da 17 a Dani. ¿Cuántas uvas le quedan a Ted?

_____ uvas

6. Susi tiene 99 tapas de botellas y le da 33 a Max. ¿Cuántas tapas le quedan a Susi?

_____ tapas de botellas

7. Razonamiento de orden superior Escribe un problema-cuento para 36 − 14. Usa la recta numérica vacía para resolver el problema.

8. ☑ **Práctica para la evaluación** Manuel resolvió un problema de resta usando la siguiente recta numérica vacía. Escribe la ecuación que muestra su recta numérica.

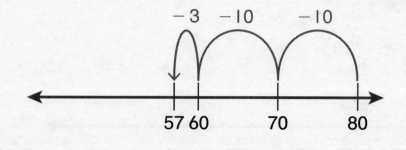

_____ − _____ = _____

Nombre _____

¡Revisemos!

Puedes sumar usando una recta numérica vacía para restar 73 – 45.

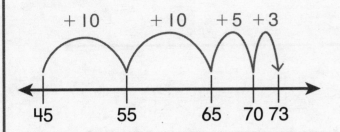

| +10 | +10 | +5 | +3 |

45   55   65   70 73

Puedes empezar en 45. Suma 10, y 10 otra vez, y llegarás a 65. Luego, suma 5 y llegarás a 70. Después, suma 3 hasta llegar a 73.

Suma las decenas y las unidades para hallar la diferencia:

__10__ + __10__ + __5__ + __3__ = __28__

Por tanto, 73 – 45 = 28.

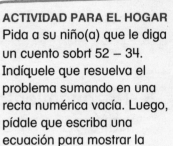

ACTIVIDAD PARA EL HOGAR
Pida a su niño(a) que le diga un cuento sobrt 52 – 34. Indíquele que resuelva el problema sumando en una recta numérica vacía. Luego, pídale que escriba una ecuación para mostrar la respuesta.

Suma para hallar cada diferencia. Usa una recta numérica vacía.

1. 93 – 65 = _____

2. 84 – 67 = _____

Suma para resolver cada problema. Usa una recta numérica vacía. Escribe las ecuaciones.

3. Usar herramientas Mirta tiene 36 moños y le da 19 a Alicia. ¿Cuántos moños le quedaron a Mirta?

_____ – _____ = _____

4. Usar herramientas Remi tiene 80 pelotas de golf y usó 53 de ellas. ¿Cuántas pelotas de golf le quedaron a Remi?

_____ – _____ = _____

5. Razonamiento de orden superior Ricardo halló 93 – 67 sumando en la recta numérica vacía. ¿Tiene razón? Explícalo. Luego, escribe una ecuación de suma para mostrar cómo podrías comprobar su trabajo.

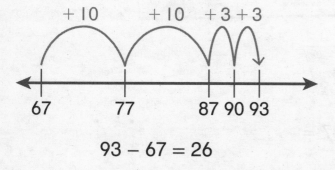

$+10 \quad +10 \quad +3 +3$

67   77   87   90   93

$$93 - 67 = 26$$

_____

_____

_____ ◯ _____ = _____

6. ☑ **Práctica para la evaluación** Usa las rectas numéricas vacías. Muestra dos maneras diferentes de sumar para hallar 91 – 56.

Una manera

Otra manera

$$91 - 56 = \text{\_\_\_\_\_}$$

Nombre _____

Práctica   Herramientas

¡Revisemos! Halla 55 − 8.

Puedes descomponer 8 para hallar 55 − 8.

Una manera es 8 = 5 + 3.

Hay un 5 en el lugar de las unidades de 55. Es fácil restar 55 − 5.

$$55 − 5 = 50$$

Luego, resta 50 − 3. Puedes contar hacia atrás 3 desde 50.

$$50 − 3 = 47$$

Por tanto, 55 − 8 = 47.

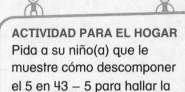

ACTIVIDAD PARA EL HOGAR
Pida a su niño(a) que le muestre cómo descomponer el 5 en 43 − 5 para hallar la diferencia.

Resta. Descompón el número que estás restando. Muestra tu trabajo.

I. 65 − 9 = _____

2. 24 − 7 = _____

3. _____ = 84 − 8

4. $41 - 5 =$ _____

5. _____ $= 94 - 8$

6. $25 - 9 =$ _____

7. Razonamiento de orden superior La tabla muestra cuántos carretes de hilo vendió la tienda "El dedal" el lunes.

Antes de la venta, había 34 carretes de hilo rojo y 53 de hilo negro. ¿Cuántos carretes de hilo rojo quedaron al final del lunes? ¿Cuántos carretes de hilo negro quedaron?

Carretes de hilo vendidos	
Color de hilo	Cantidad de carretes
Rojo	8
Azul	7
Negro	6

_____ carretes de hilo rojo _____ carretes de hilo negro

8. ☑ **Práctica para la evaluación** Roque tiene 21 revistas de historietas y vende 6 de ellas a un amigo. ¿Cuántas revistas tiene Roque ahora?

Ⓐ 17

Ⓑ 16

Ⓒ 15

Ⓓ 14

9. ☑ **Práctica para la evaluación**
Halla $93 - 7$. Muestra tu trabajo.

$93 - 7 =$ _____

Nombre _____

¡Revisemos! Puedes usar la compensación para hallar 64 – 27.

27 está cerca de ___30___.

27 + ___3___ = ___30___

Es fácil hallar 64 – 30.

64 – 27 = ?
     ↓ +3
64 – 30 = 34 → 37
        +3

Por tanto, 64 – 27 = ___37___.

Al restar 30, resté 3 más que 27. Por tanto, debo sumar 3 de 34 para hallar la respuesta.

ACTIVIDAD PARA EL HOGAR
Pida a su niño(a) que le muestre cómo usar la compensación para hallar 82 – 49.

Usa la compensación para formar números que sean más fáciles de restar. Luego, resuelve. Muestra tu razonamiento.

1. 65 – 48 = _____

2. 96 – 37 = _____

3. 24 – 18 = _____

Resuelve cada problema. Muestra tu trabajo.

4. Entender Una tienda tiene 45 sombreros a la venta. El viernes, aún tenían 26 sombreros para vender. ¿Cuántos sombreros se vendieron? Piensa en lo que intentas hallar.

_____ sombreros

5. **Vocabulario** Completa cada oración usando uno de los siguientes términos.

reagrupar   **restar**

Para hallar 56 + 38, puedes _____ 14 unidades como 1 decena y 4 unidades.

Puedes usar la compensación como ayuda para sumar y _____ mentalmente.

6. Razonamiento de orden superior Usa la compensación para hallar 93 − 78. Usa palabras, dibujos o números para explicar cómo hallaste la diferencia.

7. **Práctica para la evaluación** Usa los números de las tarjetas. Escribe los números que faltan para resolver el problema.

| 2 | 29 | 31 | 50 |

$81 - 52 =$ _____

$\downarrow -2$

$81 - \boxed{} = \boxed{} \rightarrow \boxed{}$

$\boxed{-2}$

Nombre _____

¡Revisemos! Halla 80 − 56.

Una manera Puedes usar una recta numérica vacía y sumar para hallar la diferencia.

Paso 1: Piensa en la suma. 56 + ? = 80.

Paso 2: Ubica __56__ en una recta numérica vacía.

Paso 3: Cuenta hacia adelante __2__ decenas desde 56 y llegarás a __76__.

Paso 4: Luego cuenta hacia adelante __4__ unidades desde 76 para llegar a __80__.

Por tanto, 80 − 56 = __24__.

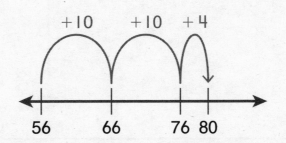

Puedes resolver un problema de resta sumando.

ACTIVIDAD PARA EL HOGAR Pida a su niño(a) que muestre y describa cómo hallar 46 − 27 usando una recta numérica vacía.

Resta usando una recta numérica vacía u otra estrategia. Muestra tu trabajo.

1. 44 − 6 = _____

2. 96 − 79 = _____

3. 82 − 54 = _____

Usa cualquier estrategia para resolver los problemas. Muestra tu trabajo.

4. Roger tiene 34 uvas. Come 19 uvas. ¿Cuántas uvas le quedan a Roger?

_____ uvas

5. Razonar Había 65 estudiantes en el gimnasio. Se fueron 38 estudiantes. ¿Cuántos estudiantes quedan?

_____ estudiantes

6. Razonamiento de orden superior Dos clases hicieron y vendieron velas. ¿A qué clase le quedan más velas para vender? Explica cómo lo sabes.

Clase A		Clase B	
Hechas	**Vendidas**	**Hechas**	**Vendidas**
33	18	40	21

7. Práctica para la evaluación Halla la diferencia.

54 – 27 = _____

Explica cómo resolviste el problema.

Nombre _____

¡Revisemos! Puedes resolver un problema de dos pasos escribiendo ecuaciones.

Reina contó 6 pájaros en un árbol. 3 se fueron volando y 8 pájaros llegaron después. ¿Cuántos pájaros cuenta Reina en el árbol ahora?

Paso I

Resta para hallar cuántos pájaros quedaron en el árbol luego de que 3 se fueron volando.

$$\underline{6} - \underline{3} = \underline{3}$$

Paso 2

Suma la cantidad de pájaros que están en el árbol.

$$\underline{3} + \underline{8} = \underline{11}$$

$$\underline{11} \text{ pájaros}$$

ACTIVIDAD PARA EL HOGAR
Invente un problema-cuento de dos pasos para que su niño(a) lo resuelva.

Completa ambas ecuaciones para resolver cada problema.

1. Lucy junta 9 piedras y le da 4 a Samy. Luego, Lucy junta 7 piedras más. ¿Cuántas piedras tiene Lucy ahora?

   _____ piedras

   Paso I:

   _____ – _____ = _____

   Paso 2:

   _____ + _____ = _____

2. 4 niños montan en bicicleta por el parque. 6 niños más llegan al parque en sus bicicletas. Después, 2 niños se van a su casa. ¿Cuántos niños hay en el parque ahora?

   _____ niños

   Paso I:

   _____ + _____ = _____

   Paso 2:

   _____ – _____ = _____

3. Representar Miguel guardó algunos platos y Samy guardó 17. Los dos guardaron 32 platos en total. ¿Cuántos platos guardó Miguel? Usa el diagrama de barras para representar el cuento. Escribe una ecuación para resolver el problema.

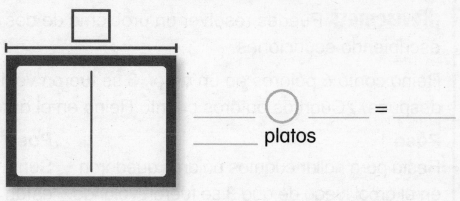

_____ ◯ _____ = _____

_____ platos

---

4. Razonamiento de orden superior Kina recogió 14 manzanas verdes. Su papá recogió 8 manzanas rojas. Cada uno de ellos comió 2 manzanas. ¿Cuántas manzanas en total tienen ahora? Explica cómo resolviste el problema.

_____
_____
_____
_____
_____
_____

_____ manzanas

5. ☑ Práctica para la evaluación 3 gatos negros estaban en el callejón y 5 gatos más se les unieron después. Luego, se fueron 6 de los gatos. ¿Cuántos gatos continuaron en el callejón? Resuelve el problema. Muestra tu trabajo.

_____ gatos

Nombre _____

¡Revisemos!

Sonia tiene 62 estampillas y Ciro tiene 36.

Nita dice que Ciro tiene 26 estampillas menos que Sonia. Ella puede descomponer 36 y restar $62 - 30 = 32$ y $32 - 6 = 26$. ¿Tiene razón Nita?

$62 - 36 = ?$

30   6

2   4

Puedo descomponer 36 en $30 + 6$ y restar.

$62 - 30 = 32$
$32 - 2 = 30$ y $30 - 4 = 26$
Por tanto, $62 - 36 = 26$.
Sí, Nita tiene razón.

ACTIVIDAD PARA EL HOGAR
Túrnese con su niño(a) para escribir sus propios problemas de resta que incluyan números de dos dígitos. Cometan algunos errores en algunas de sus soluciones. Luego, anímense a hallar los errores.

Encierra en un círculo tu respuesta. Usa dibujos, palabras o ecuaciones en tu explicación.

I. En una carrera del año pasado hubo 64 corredores. En la de este año hubo 25 corredores menos.

Latoya dice que en la carrera de este año hubo 39 corredores. Dice que es fácil restar $64 - 30$ Por tanto, ella sumó $25 + 5 = 30$. Luego, halló $64 - 30 = 34$, y sumó 5 a 34 y obtuvo 39.

Estoy de acuerdo   **No estoy de acuerdo**

Aterrizaje de aviones

Luis dice que la cantidad de aterrizajes por la tarde es igual a la cantidad de aterrizajes por la mañana y la noche. ¿Estás de acuerdo con Luis?

Mañana   **Tarde**   **Noche**

36 aterrizajes   **74 aterrizajes**   **38 aterrizajes**

2. Entender ¿Qué sabes? ¿Qué debes hacer para saber si Luis tiene razón?

_____

_____

_____

3. Representar Usa dibujos, palabras o ecuaciones para explicar si el razonamiento de Luis es correcto.

_____

_____

_____

4. Explicar Luis obtuvo su respuesta hallando $74 - 38 = 36$.

¿Estás de acuerdo con el razonamiento de Luis? Usa dibujos, palabras o ecuaciones para tu explicación.

Nombre _____

¡Revisemos! Puedes usar bloques de valor de posición para hallar 42 – 7.

Muestra 42.

Luego, reagrupa 1 decena como 10 unidades.

Luego, quita 7 unidades.

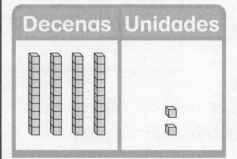

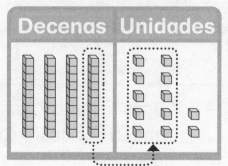

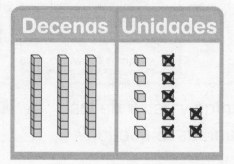

$12 - 7 =$ ___5___ unidades

$42 - 7 =$ ___35___

ACTIVIDAD PARA EL HOGAR
Pida a su niño(a) que le muestre cómo restar 26 – 7 usando objetos pequeños como botones, canicas o clips. Pídale que le explique y le muestre cómo halló la diferencia.

Resta. Usa los dibujos de bloques como ayuda.

1. Halla 31 – 5.

Muestra 31.

Luego, reagrupa 1 decena como 10 unidades.

Luego, quita _____ unidades.

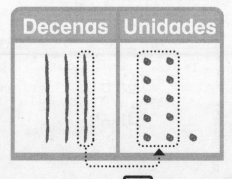

$11 - 5 =$ _____ unidades

$31 - 5 =$ _____

Dibuja bloques de valor de posición para resolver los problemas.

2. 48 – 4 = _____

Decenas	Unidades

3. 33 – 6 = _____

Decenas	Unidades

4. 24 – 6 = _____

Decenas	Unidades

5. 56 – 5 = _____

Decenas	Unidades

6. María compra 36 cuentas y usa 9 de las cuentas. ¿Cuántas cuentas le quedan?

_____ cuentas

7. Lucas compra 7 lápices nuevos. Ahora Lucas tiene 21 lápices. ¿Cuántos lápices tenía al principio?

_____ lápices

8. **Razonamiento de orden superior** El mástil de una bandera mide 30 pies de altura. Un insecto sube 14 pies por el mástil. Luego, sube 4 pies más.
¿Cuánto más tiene que subir el insecto para llegar hasta la punta?

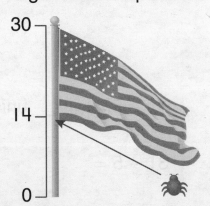

_____ pies

9. ☑ **Práctica para la evaluación** Dibuja bloques de valor de posición para hallar 60 – 9. ¿Cuál es la diferencia?

Decenas	Unidades

Ⓐ 51

Ⓒ 49

Ⓑ 50

Ⓓ 48

Nombre _____

¡Revisemos! Halla 43 – 16. Puedes dibujar y usar bloques.

Paso 1

Dibuja bloques para mostrar 43. Quita 1 decena.

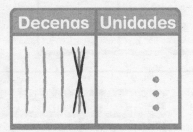

Paso 2

Reagrupa 1 decena y quita 6 unidades.

Puedes reagrupar 1 decena como 10 unidades.

Otra manera Muestra 43 con bloques y quita.

Quita 1 decena.

Quita 3 unidades.

Reagrupa. Quita 3 unidades más.

43 – 10 = 33   33 – 3 = 30   30 – 3 = 27   Por tanto, 43 – 16 = _27_.

Resta. Usa y dibuja bloques de valor de posición.

1. 50 – 13 = _____

Decenas	Unidades

2. 76 – 28 = _____

Decenas	Unidades

3. 43 – 17 = _____

Decenas	Unidades

4. 95 – 34 = _____

Decenas	Unidades

5. 66 − 23 = _____

Decenas	Unidades

6. 47 − 18 = _____

Decenas	Unidades

7. 53 − 37 = _____

Decenas	Unidades

8. 81 − 49 = _____

Decenas	Unidades

9. Laura tenía 95 monedas de 1¢. Le dio 62 de sus monedas a su primo. ¿Cuántas monedas de 1¢ tiene Laura ahora?

Decenas	Unidades

_____ monedas de 1¢

10. Javier tiene 54 canicas y Lucas tiene 70 canicas. ¿Cuántas canicas más que Javier tiene Lucas?

Decenas	Unidades

_____ canicas más

11. **Razonamiento de orden superior** En una tienda para bicicletas, el miércoles se vendieron diez candados menos que el martes. ¿Cuántos candados más que el lunes se vendieron el miércoles?

Candados para bicicleta vendidos	
Lunes	9
Martes	33
Miércoles	

_____ candados más

12. ☑ **Práctica para la evaluación** Dibuja bloques de valor de posición para hallar 36 − 17. ¿Cuál es la diferencia?

Decenas	Unidades

Ⓐ 18   Ⓑ 19   Ⓒ 29   Ⓓ 31

Nombre _____

¡Revisemos! Puedes usar dibujos y diferencias parciales para restar.

Halla 45 − 17.

Paso 1	**Paso 2**	**Paso 3**
Dibuja 45. Puedes restar las unidades primero. Resta 5 de las unidades para formar 10.	Reagrupa 1 decena como 10 unidades. Resta las otras 2 unidades. Luego, resta 1 decena.	Anota las diferencias parciales.

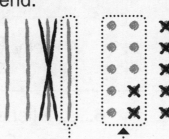

$$
\begin{array}{r}
4\;5 \\
-\quad 5 \\
\hline
40 \\
-\quad 2 \\
\hline
38 \\
-\;1\;0 \\
\hline
28
\end{array}
$$

ACTIVIDAD PARA EL HOGAR
Pida a su niño(a) que le muestre cómo usar dibujos de bloques y diferencias parciales para hallar 63 − 38.

Resta. Dibuja bloques de valor de posición para hallar diferencias parciales. Anota tu trabajo.

1. 37 − 14 = _____

2. 64 − 18 = _____

3. 45 − 26 = _____

4. 73 − 25 = _____

Calcomanías  14¢

Palillos de manualidades 36¢

Pintura 42¢

Crayones 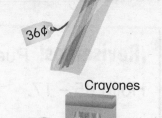 58¢

5. Bonnie tiene 47 monedas de 1¢. Compra

_____.

A Bonnie le quedan _____ monedas de 1¢.

6. Ricky tiene 59 monedas de 1¢. Compra

_____.

A Ricky le quedan _____ monedas de 1¢.

7. Keisha tiene 62 monedas de 1¢. Compra

_____.

A Keisha le quedan _____ monedas de 1¢.

8. Lani tiene 63 uvas. Le da 36 uvas a Carla. ¿Cuántas uvas le quedan a Lani?

_____ uvas

9. Razonamiento de orden superior Usa cada uno de los siguientes números.

| 1 | 2 | 4 | 5 |

Escribe y resuelve el problema de resta de 2 dígitos que tenga la mayor diferencia.

10. **Práctica para la evaluación** Dibuja bloques y usa diferencias parciales para hallar 72 − 29. ¿Cuál es la solución?

57 Ⓐ

52 Ⓑ

43 Ⓒ

41 Ⓓ

Práctica Herramientas

¡Revisemos! Halla 43 – 27. Usa bloques de valor de posición y diferencias parciales.

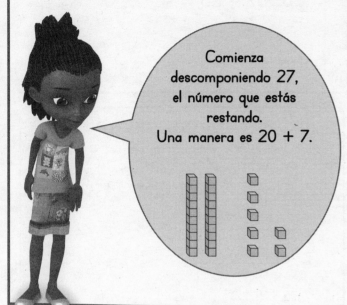

Comienza descomponiendo 27, el número que estás restando. Una manera es 20 + 7.

Puedes restar 43 – 7 primero.
Una manera de descomponer 7 es 3 + 4.

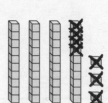

$43 - 3 = 40$ y
$40 - 4 = 36$

Luego, resta 36 – 20.

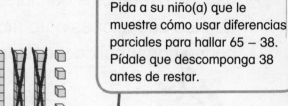

$36 - 20 = 16$

16

Por tanto, $43 - 27 = 16$.

ACTIVIDAD PARA EL HOGAR
Pida a su niño(a) que le muestre cómo usar diferencias parciales para hallar 65 – 38. Pídale que descomponga 38 antes de restar.

Resta. Usa diferencias parciales. Descompón el número que estás restando. Muestra tu trabajo.

I. 76 – 29 = _____

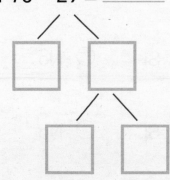

2. _____ = 82 – 39

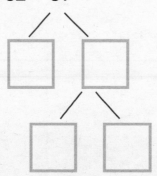

3. 92 – 16 = _____

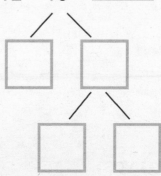

Resta. Descompón el número que estás restando. Muestra tu trabajo. Explica por qué esa manera funciona.

4. 75 − 27 = _____

5. _____ = 61 − 34

6. 87 − 28 = _____

---

7. Razonamiento de orden superior Bruno halló 42 − 19 usando diferencias parciales. Descompuso 19 en 12 + 7. Escribe ecuaciones para mostrar de qué manera Bruno podría haber hallado la diferencia.

¿De qué manera el valor de posición puede ayudarte a resolver el problema?

---

8. Rosita tiene 55 uvas. Le da 26 de sus uvas a una amiga. ¿Cuántas uvas tiene Rosita ahora? Escoge una estrategia para resolver. Muestra tu trabajo.

_____ uvas

9. ☑ **Práctica para la evaluación** ¿Puedes usar las ecuaciones para hallar 86 − 27? Escoge Sí o No.

86 − 20 = 66
66 − 7 = 59   ○ Sí   ○ No

26 − 10 = 16
16 − 6 = 10   ○ Sí   ○ No

86 − 20 = 66
66 − 6 = 60
60 − 1 = 59   ○ Sí   ○ No

Nombre _____

¡**Revisemos!** Halla 82 − 37

Una estrategia: Compensación

82 − 40 = _42_ Es más fácil restar 40.

42 + 3 = _45_ Suma 3 a la diferencia.

Otra estrategia: Diferencias parciales

Comienza descomponiendo el número que estás restando.

82 − 37 = ?

30   7

2   5

82 − 30 = 52

52 − 2 = 50

50 − 5 = 45

Por tanto,
82 − 37 = 45

Esta estrategia funciona. Puedo descomponer 37 usando el valor de posición. Resté 3 decenas y luego 2 unidades y 5 unidades.

Puedo restar de diferentes maneras.

También puedo explicar por qué la estrategia funciona.

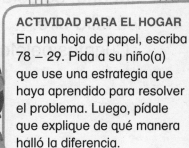

ACTIVIDAD PARA EL HOGAR
En una hoja de papel, escriba 78 − 29. Pida a su niño(a) que use una estrategia que haya aprendido para resolver el problema. Luego, pídale que explique de qué manera halló la diferencia.

Usa cualquier estrategia para restar. Muestra tu trabajo. Explica por qué tu estrategia funciona.

1. 56 − 37 = _____

2. 46 − 18 = _____

3. 75 − 22 = _____

4. Hay 45 pelotas de básquetbol dentro de un armario. 38 están bien infladas, pero al resto les falta aire.
¿Cuántas pelotas necesitan aire?

_____ pelotas de básquetbol

5. Sonia compra una caja de 60 palillos de manualidades. Usa 37 para su proyecto. ¿Cuántos palillos le quedan?

_____ palillos

6. **Razonamiento de orden superior** Hay 36 arándanos en un tazón. Jaime come 21 de ellos. Luego, pone 14 arándanos más. ¿Cuántos arándanos menos hay ahora en el tazón?

¿Hay un método abreviado que puedas usar?

_____ arándanos menos

7. ☑ **Práctica para la evaluación** Encierra en un círculo el problema en el que deberás reagrupar para resolver. Luego, escoge una estrategia para hallar ambas diferencias. Muestra tu trabajo.

$83 - 45 =$ _____

$65 - 33 =$ _____

Nombre _____

¡Revisemos! Hay 52 carros en el estacionamiento. 18 carros salen primero y 10 más salen después. ¿Cuántos carros hay ahora en el estacionamiento?

Usa la respuesta del paso 1 para resolver el paso 2.

Paso 1: Resta para hallar cuántos carros siguen en el estacionamiento después de que salen 18 carros.

$$52 - 10 = 42$$
$$42 - 2 = 40$$
$$40 - 6 = 34$$

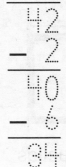

Paso 2: Luego, resta para hallar cuántos carros siguen en el estacionamiento después de que salen 10 carros más.

$$34 - 10 = 24$$

<u>24</u> carros

ACTIVIDAD PARA EL HOGAR
Pida a su niño(a) que resuelva este problema. Algunos pájaros reposan sobre el tejado. Un trueno espanta a 12 de ellos. Ahora hay 32 pájaros reposando sobre el tejado. ¿Cuántos pájaros estaban sobre el tejado al principio?

Usa la respuesta del paso 1 para resolver el paso 2.

1. 73 personas viajan en el tren. En una parada, 24 personas se bajan del tren y suben 19. ¿Cuántas personas hay en el tren ahora?

Paso 1:

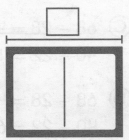

Paso 2:

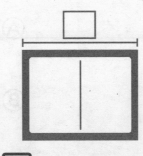

_____ personas

2. El libro de Rosa tiene 88 páginas en total. El lunes leyó algunas páginas. Todavía le quedan 59 por leer. ¿Cuántas páginas leyó el lunes?

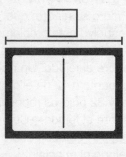

_____ páginas

3. Jessica corrió 19 vueltas el lunes y 12 el martes. ¿Cuántas vueltas corrió en ambos días?

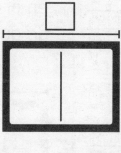

_____ vueltas

4. Razonamiento de orden superior Said tiene una bolsa de cerezas. Les da 18 cerezas a Tim y 18 a Janet. Ahora Said tiene 25 cerezas. ¿Cuántas cerezas tenía al principio?

Paso 1:

_____ ◯ _____ = _____

Paso 2:

_____ ◯ _____ = _____

_____ cerezas

5. ☑ **Práctica para la evaluación** Hay 68 corredores en un maratón. 28 de ellos terminaron la carrera primero. Otros 22 la terminaron después. ¿Cuántos corredores **NO** terminaron la carrera?

¿Qué par de ecuaciones puedes usar para resolver este problema?

Ⓐ $68 + 28 = 96$;
$96 - 22 = 74$

Ⓑ $68 + 28 = 96$;
$28 + 22 = 50$

Ⓒ $68 - 28 = 40$;
$40 - 22 = 18$

Ⓓ $68 - 28 = 40$;
$40 + 22 = 66$

Nombre _____

 Práctica   Herramientas

¡Revisemos! Robin recoge 36 bellotas.
Trilce recoge 19 bellotas más que Robin.
¿Cuántas bellotas recogió Trilce?

Este diagrama de barras muestra una comparación. El diagrama y la ecuación muestran cómo se relacionan los números y el valor desconocido del problema.

ACTIVIDAD PARA EL HOGAR
Pida a su niño(a) que halle 76 − 42 dibujando un diagrama de barras y escribiendo una ecuación. Luego, pídale que explique qué significan los números y los símbolos.

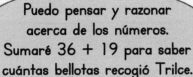

Puedo pensar y razonar acerca de los números. Sumaré 36 + 19 para saber cuántas bellotas recogió Trilce.

?

36	19

```
    36
  + 19
Decenas:  40
Unidades: + 15
  Total:  55
```

$$36 \; + \; 19 \; = \; 55 \text{ bellotas}$$

Razona acerca de cómo se relacionan los números en el problema. Completa el diagrama de barras y escribe una ecuación para resolver. Muestra tu trabajo.

1. Los Tigres anotaron 53 puntos en un partido de básquetbol.
Los Leones anotaron 12 puntos menos que Los Tigres.
¿Cuántos puntos anotaron Los Leones?

_____ ◯ _____ ◯ _____ puntos

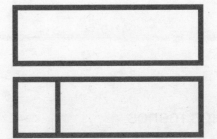

Fotos de vacaciones

Adam, Tessa y Nicki tomaron fotos en sus vacaciones. ¿Cuántas fotos menos que Nicki tomó Adam?

Usa la información de la tabla para resolver el problema.

Cantidad de fotos que tomaron		
Adam	**Tessa**	**Nicki**
19	92	78

2. Entender ¿Usarás todos los números de la tabla para resolver el problema? Explícalo.

_____

_____

_____

3. Representar Completa el diagrama de barras. Decide cómo se relacionan los números en el problema. Luego, escribe una ecuación que muestre cómo resolver el problema.

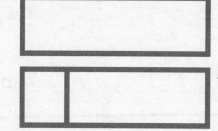

4. Razonar ¿Cuántas fotos menos que Nicki tomó Adam? Explica cómo resolviste el problema.

_____ fotos menos

Nombre _____

¡Revisemos! Karl tiene algunas manzanas verdes y 17 manzanas rojas. Tiene 29 manzanas en total. ¿Cuántas manzanas verdes tiene?

Puedes mostrar problemas verbales con dibujos.

Puedes escribir una ecuación con un ? u otro símbolo para la parte que no conoces.

12 + 17 = 29, por tanto, Karl tiene 12 manzanas verdes.

ACTIVIDAD PARA EL HOGAR
Invente 2 problemas diferentes y pida a su niño(a) que escriba una ecuación para cada uno de ellos. Luego, pídale que le muestre cómo resolvió los problemas.

29

| ? | 17 |

$? + 17 = 29$

Suma mentalmente.
$17 + 10 = 27$
$27 + 2 = 29$

Escribe una ecuación para representar el problema usando un ? para el valor desconocido. Resuelve y muestra tu trabajo.

1. Pat recorre 15 millas en bicicleta por la mañana y 17 millas por la tarde. ¿Cuántas millas recorre en total?

Ecuación: _____

_____ millas

2. María hizo 21 tarjetas de agradecimiento. Envió 13 de las tarjetas. ¿Cuántas tarjetas le quedaron?

Ecuación: _____

_____ tarjetas

3. Representar Leticia comió 12 uvas durante el almuerzo y algunas más durante la cena. Comió 26 uvas en total. ¿Cuántas uvas más comió en la cena?

Ecuación: _____

_____ uvas

4. Representar Manu leyó 24 páginas de un libro y Juani leyó 19 de otro libro. ¿Cuántas páginas más que Juani leyó Manu?

Ecuación: _____

_____ páginas más

5. Razonamiento de orden superior Un tren tiene 43 vagones. 15 vagones son rojos y el resto son azules. ¿Cuántos vagones azules tiene el tren? Escribe dos ecuaciones diferentes que representen el problema. Luego, resuélvelas.

Ecuación: _____

Ecuación: _____

_____ vagones azules

6. ☑ **Práctica para la evaluación** 63 niños corren un maratón. 48 niños terminan la carrera y algunos no la terminan. ¿Cuántos niños **NO** terminan la carrera?

Escribe una ecuación para representar el problema. Usa un ? para el valor desconocido. Luego, resuelve el problema.

Nombre _____

¡Revisemos! Puedes usar un diagrama de barras para resolver problemas verbales.

Verónica tiene 15 galletas saladas menos que Jéssica. Verónica tiene 20 galletas. ¿Cuántas galletas tiene Jéssica?

Galletas saladas de Jéssica

Galletas saladas de Verónica	15 galletas saladas menos

Jéssica tiene 35 galletas saladas.

Decenas	Unidades
2	0
+ 1	5
3	0
	5
3	5

Verónica tiene 15 galletas menos, lo que significa que Jéssica tiene 15 galletas más. Debes sumar para hallar cuántas galletas tiene Jéssica.

ACTIVIDAD PARA EL HOGAR
Diga a su niño(a) que Max tiene 10 conchas marinas menos que Rebeca. Max tiene 20 conchas marinas. ¿Cuántas tiene Rebeca? Luego, pídale que escriba la ecuación. 20 + 10 = 30.

Resuelve los problemas de la manera que prefieras. Usa dibujos y ecuaciones como ayuda. Muestra tu trabajo.

1. Ana guarda 37 fotos en un álbum y 24 fotos en otro álbum. ¿Cuántas fotos guarda en total?

____ fotos

2. El rompecabezas de Jorge tiene 20 piezas menos que el de Rosi. El de Jorge tiene 80 piezas. ¿Cuántas tiene el de Rosi?

____ piezas

Tema 7 | Lección 2
En línea | SavvasRealize.com
noventa y cinco **95**

Debes pensar en lo que significan los números del problema.

3. **Razonar** Lucía hace 37 tarjetas para desear pronta mejoría y algunas tarjetas de agradecimiento. Hace 60 tarjetas en total. ¿Cuántas tarjetas de agradecimiento hace Lucía?

_____ tarjetas de agradecimiento

4. **Razonamiento de orden superior** José ha encontrado varios insectos. Entre ellos, hay 10 saltamontes menos que grillos. Hay 5 grillos menos que mariquitas. Si José ha encontrado 5 saltamontes, ¿cuántas mariquitas encontró José? ¿Cuántos grillos encontró? Escribe dos ecuaciones para resolver el problema.

_____ grillos   _____ mariquitas

5. ☑ **Práctica para la evaluación** Sandy tiene 17 tarjetas de hockey menos que Alfonso. Alfonso tiene 55 tarjetas de hockey. ¿Cuántas tarjetas de hockey tiene Sandy?

Dibuja líneas para mostrar en qué lugar de la ecuación deben estar cada número y el valor desconocido. Luego, resuelve la ecuación.

| 17 | ? | 55 |

_____ + _____ = _____

_____ tarjetas

Práctica   Herramientas

¡Revisemos!

Davi tiene algunas hojas de papel azul y 34 hojas de papel rojo. Tiene un total de 67 hojas de papel. ¿Cuántas hojas de papel azul tiene Davi?

Conoces una de las partes y el todo.

$? + 34 = 67$

Resta $67 - 34$ para hallar la parte que falta.

$67 - 30 = 37$ $37 - 4 = 33$

Por tanto, Davi tiene 33 hojas de papel azul.

67

| ? | 34 |

¡No olvides revisar tu respuesta para saber si tiene sentido!

ACTIVIDAD PARA EL HOGAR
Pida a su niño(a) que resuelva el siguiente problema: *Lucas vendió 27 boletos para la rifa más que Rogelio. Si Lucas vendió 53 boletos, ¿cuántos boletos vendió Rogelio?* Pida a su niño(a) que explique su solución.

Resuelve los problemas de la manera que prefieras. Usa dibujos y ecuaciones como ayuda. Muestra tu trabajo.

1. Jonás usó 23 palillos de manualidades más que Sandy en su proyecto. Jonás usó 41 palillos. ¿Cuántos palillos usó Sandy?

_____ palillos de manualidades

2. Gregory pintó 14 cuadros la semana pasada y algunos más esta semana.
Pintó 25 cuadros en total.
¿Cuántos cuadros pintó Gregory esta semana?

_____ cuadros

3. **Razonar** Daniel lanza un cubo numérico 19 veces menos que Óscar. Daniel lanza 38 veces el cubo numérico. ¿Cuántas veces lanzó el cubo numérico Óscar?

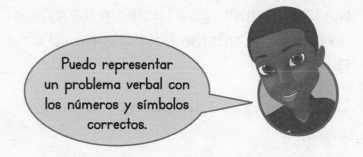

Puedo representar un problema verbal con los números y símbolos correctos.

_____ veces

4. **Razonamiento de orden superior** Matt tiene 34 bloques y Estela tiene 36. Ambos le dan 14 bloques a Henry. ¿Ahora cuántos bloques tienen Matt y Estela juntos?

Completa los pasos para resolver el problema.

Paso 1

_____ ◯ _____ = _____

Paso 2

_____ ◯ _____ = _____

_____ bloques

5. ☑ **Práctica para la evaluación** Oliver corrió 23 vueltas menos que Nino. Nino corrió 61 vueltas. ¿Cuántas vueltas corrió Oliver?

El diagrama de barras representa el problema. ¿Cuál es el número desconocido?

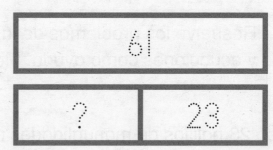

Ⓐ 32

Ⓑ 38

Ⓒ 42

Ⓓ 48

Práctica Herramientas

¡Revisemos! Puedes resolver el problema de diferentes maneras.

Elsa tenía 13 marcadores rojos y 15 azules, pero se le perdieron 12 marcadores. ¿Cuántos marcadores le quedaron a Elsa?

Paso 1	**Paso 2**
Suma para hallar la cantidad de marcadores que tenía Elsa en total. $13 + 15 = ?$	Resta la cantidad de marcadores que se le perdieron. $28 - 12 = ?$
El total es 2 decenas y 8 unidades, o 28.	La diferencia es 1 decena y 6 unidades, o 16.

$13 \; (+) \; 15 = 28$

$28 \; (-) \; 12 = 16$ 16 marcadores

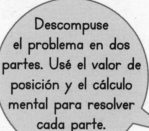

Descompuse el problema en dos partes. Usé el valor de posición y el cálculo mental para resolver cada parte.

ACTIVIDAD PARA EL HOGAR
Invente problemas que incluyan dos preguntas, o pasos, para resolverlos. Pida a su niño(a) que resuelva ambas partes de los problemas.

Resuelve los problemas de la manera que prefieras. Muestra tu trabajo. Escribe ecuaciones para resolver ambas partes del problema.

1. En un tazón había 15 manzanas rojas y 6 verdes. Eric comió 2 de las manzanas.
¿Cuántas manzanas hay ahora en el tazón?

Paso 1 _____ ◯ _____ = _____

Paso 2 _____ ◯ _____ = _____

_____ manzanas

2. Hacerlo con precisión Tres estudiantes usan la tabla para anotar cuántos saltos de tijera hicieron cada día. Completa la tabla y las oraciones.

Hugo hizo _____ saltos de tijera el viernes.

Ema hizo _____ saltos de tijera el jueves.

Toña hizo _____ saltos de tijera el miércoles.

Saltos de tijera				
	Miércoles	Jueves	Viernes	Total
Ema	30	_____	15	88
Hugo	33	32	_____	85
Toña	_____	35	25	100

---

3. Razonamiento de orden superior Kena dibujó 26 estrellas y borró 12. Luego, dibujó algunas estrellas más. Ahora hay 29 estrellas. ¿Cuántas estrellas más dibujó Kena? Escribe una ecuación para cada parte y resuélvelas.

4. ☑ **Práctica para la evaluación** Ken necesita comprar 100 clavos. Compró 25 clavos en una tienda y 36 en otra tienda. ¿Cuántos clavos más debe comprar Ken?

¿Qué ecuaciones se pueden usar para resolver el problema?

Ⓐ $100 - 36 = 64$ y $64 + 25 = 89$

Ⓑ $100 - 25 = 75$ y $36 - 25 = 9$

Ⓒ $36 - 25 = 9$ y $100 - 9 = 91$

Ⓓ $25 + 36 = 61$ y $100 - 61 = 39$

Práctica Herramientas

¡Revisemos! Usa la respuesta del paso 1 para resolver el paso 2.

Tomás tiene 14 carros de juguete. Saúl tiene 6 carros más que Tomás.
¿Cuántos carros tienen los dos en total?

Paso 1: Suma para averiguar cuántos carros en total tiene Saúl.

$$14 + 6 = 20$$

Paso 2: Suma para hallar la cantidad de carros que tienen los dos en total.

$$20 + 14 = 34$$

Tienen 34 carros en total.

ACTIVIDAD PARA EL HOGAR
Pida a su niño(a) que resuelva problemas de dos pasos. Use objetos pequeños de la casa como material didáctico.

Usa la respuesta del paso 1 para resolver el paso 2.

1. Dani recogió 21 flores en total. Algunas flores eran rojas y
9 eran rosadas. Después, le dio 5 flores rojas a Pepe.
¿Cuántas flores rojas le quedaron a Dani?

Paso 1: Resta para hallar cuántas flores rojas recogió Dani.

_____ – _____ = _____

Paso 2: Resta para hallar cuántas flores rojas le quedaron a Dani.

_____ – _____ = _____

_____ flores rojas

Frutas y verduras cosechados				
Manzanas	Duraznos	Calabazas	Maíz	Zapallos
?	23	47	25	17

2. Entender El señor Morán escoge manzanas y duraznos para su puesto de frutas. Toma 58 frutas en total. Vende 13 manzanas. ¿Cuántas manzanas hay ahora en el puesto?

_____ manzanas

3. Razonamiento de orden superior Escribe y resuelve un problema de dos pasos basándote en los datos de la tabla.

_____

_____

_____

_____

4. 🅰🅩 **Vocabulario** Completa el **diagrama de barras**. Usa dos **sumandos** que tengan una **suma** o **total** de 25. Completa la ecuación.

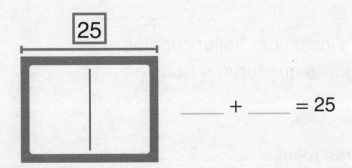

_____ + _____ = 25

5. ☑ **Práctica para la evaluación** En el picnic de la escuela hay 21 estudiantes. 42 estudiantes más se les unen después. Más tarde, se van 30 estudiantes.

¿Qué ecuaciones muestran una manera de resolver el problema?

Ⓐ $42 - 21 = 21$
$30 - 21 = 9$

Ⓒ $42 + 21 = 63$
$63 + 30 = 93$

Ⓑ $21 + 42 = 63$
$63 - 30 = 33$

Ⓓ $42 - 21 = 21$
$30 + 21 = 51$

Tema 7 | Lección 5

¡Revisemos! Halla el número que falta para hacer verdadera la ecuación.

$$9 + \underline{\quad} = 20 - 5$$

En una ecuación verdadera, ambos lados tienen el mismo valor.

Primero, halla $20 - 5$. $20 - 5 = 15$

Luego, resuelve $9 + \underline{\quad} = 15$ $9 + \underline{6} = 15$

Por tanto, $9 + \underline{6} = 20 - 5$.

Halla primero el valor de un lado. Esa respuesta te puede ayudar a hallar el número que falta.

ACTIVIDAD PARA EL HOGAR
Escriba un número del 0 al 20. Pida a su niño(a) que escriba una operación de suma o resta que dé ese resultado. Repita esto con otros números. Pida a su niño(a) que le diga un número y luego usted escriba una operación de suma o resta. Pídale que le indique si su ecuación es verdadera o falsa.

Escriba los números que faltan para hacer verdaderas las ecuaciones. Muestra tu trabajo.

I. $7 + \underline{\quad} = 18 - 6$

$18 - 6 = \underline{\quad}$

$7 + \underline{\quad} = \underline{\quad}$

2. $2 + 4 = 16 - \underline{\quad}$

$2 + 4 = \underline{\quad}$

$\underline{\quad} = 16 - \underline{\quad}$

Escribe y resuelve una ecuación para mostrar los problemas. Luego, resuelve. Muestra tu trabajo.

3. Razonar Greg tenía 6 puntos. Luego, obtuvo 9 puntos más. Joy tiene 10 puntos. Ella quiere que el partido termine en empate. ¿Cuántos puntos más necesita Joy?

_____ más

4. Razonar Eli tiene la misma cantidad de bellotas que Frank. Eli tiene 9 en una mano y 10 en la otra. Frank tiene 8 en una mano. ¿Cuántas bellotas tiene Frank en la otra mano?

_____ bellotas

5. Razonamiento de orden superior Escribe el número que falta para hacer verdadera la ecuación. Usa dibujos o palabras para explicar cómo lo sabes.

$13 + 4 = 18 -$ _____

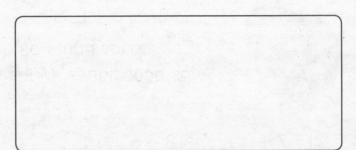

6. ☑ Práctica para la evaluación Encierra en un círculo el número que hará verdadera la ecuación.

1   2   3   4   5   6   7   8

$4 +$ _____ $= 1 + 8$

Práctica   Herramientas

¡Revisemos! Halla el número que falta y que hace verdadera la ecuación.

$$15 + 10 + 10 = 40 - \underline{\quad}$$

El signo = indica que los dos lados de la ecuación tienen el mismo valor.

Primero halla el valor del lado al que no le faltan números.

$$15 + 10 + 10$$

$$25 + 10 = 35$$

Luego, usa ese valor para hallar el número que falta.

$$35 = 40 - ?$$

Piensa: $35 + ? = 40$

$$35 + \underline{5} = 40$$

Por tanto, $15 + 10 + 10 = 40 - \underline{5}$.

ACTIVIDAD PARA EL HOGAR
Pida a su niño(a) que en secreto escriba tres números cuya suma sea 20 o menos. Pídale que le diga dos de los sumandos y el total, mientras usted intenta hallar el tercer sumando. Túrnense para hallar el número que le falta a cada uno.

Escribe los números que faltan para hacer verdaderas las ecuaciones. Muestra tu trabajo.

1. $45 - 10 = 10 + 5 + \underline{\quad}$

$$45 - 10 = \underline{\quad}$$

$$35 = 10 + 5 + \underline{\quad}$$

Por tanto, $45 - 10 = 10 + 5 + \underline{\quad}$.

2. $14 + 10 + 6 = 40 - \underline{\quad}$

$$14 + 10 + 6 = \underline{\quad}$$

$$30 = 40 - \underline{\quad}$$

Por tanto, $14 + 10 + 6 = 40 - \underline{\quad}$.

 En línea | SavvasRealize.com

3. Razonar Kris tenía 22 calcomanías y recibió 16 más. Matt tenía 18 calcomanías. Luego, recibió algunas calcomanías más. Ahora ambos tienen la misma cantidad de calcomanías. ¿Cuántas calcomanías recibió Matt?

_____ calcomanías

4. Razonar Leo y Dan tienen la misma cantidad de bloques. Leo tiene 20 bloques verdes y 36 bloques azules. Dan tiene 13 bloques verdes, 23 bloques azules y algunos bloques rojos. ¿Cuánto bloques rojos tiene Dan?

_____ bloques rojos

5. Razonamiento de orden superior Elsa tiene las tarjetas numéricas 19, 10 y 21. Jeff tiene dos tarjetas con el mismo total que las tarjetas de Elsa. Una de sus tarjetas tiene el número 33. ¿Qué otra tarjeta tiene Jeff?

Escribe una ecuación para mostrar y resolver el problema.

6. ☑ **Práctica para la evaluación** Une cada número con la ecuación en la que falta.

$4 + 12 + 5 = 39 -$ _____   24

_____ $+ 14 = 7 + 7 + 20$ 18

$28 + 10 + 10 =$ _____ $+ 24$ 20

_____ $+ 16 = 26 + 10 + 10$ 30

Nombre _____

¡Revisemos! Puedes escribir un cuento numérico para cada problema.
Luego, completa la ecuación para representar el cuento.

22 − 15 = ?

Hay __22__ botones rojos.

Hay __15__ botones azules.

¿Cuántos botones rojos más
que botones azules hay?

22 − 15 = __7__

Por tanto, hay __7__ botones rojos más.

36 − 17 = ?

Hay __36__ uvas sobre la mesa.

__17__ son rojas y el resto son verdes.
¿Cuántas uvas son verdes?

36 − 17 = __19__

Por tanto, __19__ uvas son verdes.

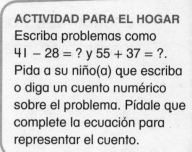

ACTIVIDAD PARA EL HOGAR
Escriba problemas como
41 − 28 = ? y 55 + 37 = ?.
Pida a su niño(a) que escriba
o diga un cuento numérico
sobre el problema. Pídale que
complete la ecuación para
representar el cuento.

Escribe un cuento numérico para mostrar el problema.
Completa la ecuación para representar tu cuento.

1. 31 − 8 = _____

_____

_____

_____

2. 23 + 37 = _____

_____

_____

_____

Pastelitos de varios sabores

La ilustración de la derecha muestra información sobre los pastelitos de la Pastelería Ivana. Usa la ilustración para escribir cuentos numéricos y resolver los problemas.

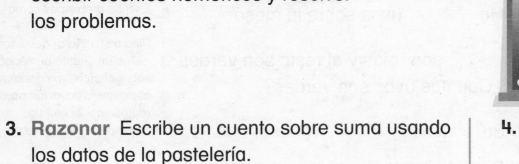

33 de arándano   18 de salvado   29 de manzana

3. Razonar Escribe un cuento sobre suma usando los datos de la pastelería.

_____

_____

_____

4. Razonar Escribe un cuento sobre resta usando los datos de la pastelería.

_____

_____

_____

5. Representar Escribe una ecuación para cada cuento numérico que escribiste en los Ejercicios 3 y 4. Luego, resuelve de la manera que prefieras. Muestra tu trabajo.

Nombre _____

¡Revisemos! Puedes contar hacia adelante para hallar el valor total de un grupo de monedas.

Joy tiene 1 moneda de 25¢ y 2 de 5¢. ¿Cuántos centavos tiene Joy?

Empieza en 25¢. Cuenta de 5 en 5.

Piensa: 25¢   5¢ más   5¢ más

<u>25¢</u>   <u>30¢</u>   <u>35¢</u>

Bo tiene 1 moneda de medio dólar y 2 de 10¢. ¿Cuántos centavos tiene?

Empieza en 50¢. Cuenta de 10 en 10.

Piensa: 50¢   10¢ más   10¢ más

<u>50¢</u>   <u>60¢</u>   <u>70¢</u>

ACTIVIDAD PARA EL HOGAR
Muestre 5 monedas a su niño(a). Pídale que halle el valor total y que escriba la cantidad usando el símbolo de centavos.

 Cuenta hacia adelante para hallar el valor total.

1. Sarita tiene estas monedas. ¿Cuántos centavos tiene Sarita?

     →

Total

<u>10¢</u>

2. Marco tiene estas monedas. ¿Cuántos centavos tiene Marco?

     →

Total

3. Razonamiento de orden superior Halla la menor cantidad de monedas que necesitas para comprar cada juguete. Escribe cuántas monedas de los diferentes valores usaste.

> Cuenta hacia adelante a medida que usas cada moneda.

67¢					
82¢					
46¢					

---

4. ☑ **Práctica para la evaluación** ¿Cuál de las siguientes opciones muestra 37¢? Selecciona todas las que apliquen.

☐
☐
☐
☐

5. ☑ **Práctica para la evaluación** Jamal tiene estas monedas.

Necesita 85¢ para comprar un carro de juguete. ¿Cuántos centavos más necesita Jamal? Dibuja la moneda o las monedas que necesita.

Tema 8 | Lección 1

Nombre _____

¡Revisemos! Victor tiene 38¢ en su alcancía. Su tío le regala 2 monedas de 10¢ y 1 de 5¢. ¿Cuánto dinero tiene ahora Victor?

Paso 1 Halla el valor total de las monedas que el tío de Victor le regala.

Piensa: 10 + 10 + 5

10¢   20¢   25¢

Paso 2 Suma la cantidad que Victor tiene en su alcancía y la cantidad que su tío le regala.

38¢ + 25¢ = _63_ ¢

Por tanto, Victor tiene 63¢ ahora.

ACTIVIDAD PARA EL HOGAR
Pida a su niño(a) que saque 4 monedas de un vaso que tiene diferentes monedas y cuente hacia adelante para hallar el valor total. Pídale que anote el valor con un símbolo de centavos.

Resuelve los problemas de la manera que prefieras. Muestra tu trabajo.

1. Jason tiene 59¢ en su billetera. Su hermana le da 4 monedas de 5¢. ¿Cuánto dinero tiene Jason ahora?

_____ ¢

2. Kendra compra un lápiz por 18¢. Lo paga con una moneda de 25¢. ¿Cuánto cambio obtendrá Kendra?

_____ ¢

3. Meche tenía 50¢. Perdió una moneda de 5¢. Encierra en un círculo las 5 monedas que muestran cuánto le queda.

4. Iván tenía 55¢. Le dio a su hermana una moneda de 10¢. Encierra en un círculo las 3 monedas que muestran cuánto le queda.

5. Carla tenía 60¢. Le dio a su hermano 4 monedas de 1¢. Encierra en un círculo las 3 monedas que muestran cuánto le queda.

6. 🔵 **Vocabulario** Encierra en un círculo la **moneda de 5¢.** Encierra en un cuadrado la **moneda de 50¢.** ¿Cuál es el valor total de todo el dinero?

_____ ¢

7. ☑ **Práctica para la evaluación** Tiffany compra un animal de peluche por 84¢. Paga con 8 monedas de 10¢ y 1 moneda de 5¢. ¿Cuál muestra cuánto cambio obtendrá Tiffany?

Ⓐ

Ⓒ

Ⓑ

Ⓓ

Nombre _____

¡Revisemos! ¿Cuál es el valor total de los billetes que se muestran abajo?

Cuenta hacia adelante del billete mayor al menor para hallar el valor total de los billetes.

$20 _____ $30 _____ $40 _____ $45 _____ $46

20 + 10 + 10 + 5 + 1

ACTIVIDAD PARA EL HOGAR
Pida a su niño(a) que forme diferentes grupos de billetes por un total de $37.

Resuelve los problemas.

1. La señora López tiene estos billetes. Cuenta hacia adelante para hallar su valor total.

2. La señora Pino tiene estos billetes. Cuenta hacia adelante para hallar su valor total.

3. José compra una bicicleta en oferta por $59. Dibuja los billetes que podría usar para pagar por la bicicleta.

4. Buscar patrones Marvin cuenta seis billetes de $5. Escribe cada uno de los valores que cuenta. ¿Qué patrón ves en los dígitos de las unidades de los valores que cuenta?

_____

_____

_____

_____

5. Razonamiento de orden superior María tiene dos billetes de $20, tres billetes de $5 y cuatro de $1. ¿Qué otro billete o billetes necesita para comprar un regalo que cuesta $69?

6. ☑ **Práctica para la evaluación** Los siguientes billetes muestran el dinero que tiene ahorrado Sam.

¿Cuánto dinero tiene ahorrado Sam?

$52 $43 $42 $5

      Ⓑ   Ⓓ

Nombre _____

¡Revisemos! Kim tiene $4 en el banco.

Necesita $20 para comprar el regalo que escogió para su mamá.

¿Cuánto dinero más necesita Kim?

$20 − $4 = ?

Puedes sumar para hallar la diferencia.

$4 + $16 = $20
Eso significa que Kim necesita $16 más.

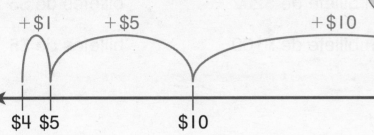

+$1   +$5   +$10

$4 $5 $10 $20

$1 + $5 + $10 = $16 Por tanto, $20 − $4 = $ 16 .

ACTIVIDAD PARA EL HOGAR
Pida a su niño(a) que use monedas y billetes para mostrar varias cantidades de diferente manera.

Resuelve los problemas de la manera que prefieras. Muestra tu trabajo.

1. La señora Bravo tenía $16 en su billetera. Luego de hacer algunas compras, le quedaron $8. ¿Cuánto dinero gastó la señora Bravo en sus compras?

$ _____

2. Elvira tenía $7. Liz le dio un billete de $5 y dos billetes de $1. ¿Cuánto dinero tiene Elvira ahora?

$ _____

3. Hacerlo con precisión Aldo tiene tres billetes de $20 y dos de $10. Quiere ahorrar un total de $95. ¿Cuánto dinero más necesita? ¿Qué billetes podrían ser?

_____

_____

4. Zabrina tiene una bolsa con billetes de $5. ¿Cuántos billetes de $5 tienen el mismo valor que:

un billete de $10? _____ billetes de $5

un billete de $20? _____ billetes de $5

un billete de $100 _____ billetes de $5

5. Razonamiento de orden superior Marco tiene $24. Si su hermano tiene $8 más que él, ¿cuánto tienen en total los dos?

Paso 1

$_____ ◯ $_____ = $_____

Paso 2

$_____ ◯ $_____ = $_____

Marco y su hermano tienen $_____ en total.

6. ☑ Práctica para la evaluación Ema tiene dos billetes de $10, tres de $5 y dos de $1. ¿Cuánto dinero más necesita para comprar un juego que cuesta $45? Explícalo.

_____

_____

¿Qué billetes puedes usar para mostrar cuánto dinero necesita Ema?

_____

_____

Práctica Herramientas

¡Revisemos! Muestra tres maneras de formar 30¢.
En la tabla se muestran dos maneras.

Usa monedas como ayuda
para hallar la tercera manera.
Muestra 1 moneda de 10¢.
Haz 1 marca de conteo.
¿Cuántas monedas de 5¢
necesitas para sumar 20¢?

4
_____

Haz 4 marcas de conteo.

Maneras de mostrar 30¢			
Monedas de 25¢	Monedas de 10¢	Monedas de 5¢	Total
I		I	30¢
	II	II	30¢
I		IIII	30¢

ACTIVIDAD PARA EL HOGAR
Pida a su niño(a) que use monedas de 25¢, de 5¢ y de 10¢ para mostrar todas las maneras en que puede formar 70¢ con esas monedas.

Usa el razonamiento para resolver los problemas.

1. Muestra tres maneras de formar 10¢. Usa marcas de conteo para anotar los monedas.

Maneras de mostrar 10¢			
Monedas de 10¢	Monedas de 5¢	Monedas de 1¢	Total

2. ¿Cuál es la menor cantidad posible de monedas que puedes usar para formar 45¢? Haz una tabla si es necesario.

Cantidad de monedas: _____

Monedas que usaría: _____

_____

La menor cantidad de monedas

La familia Rivas quiere comprar estos juguetes. Tienen monedas de 1¢, 5¢, 10¢ y 25¢. Quieren usar la menor cantidad posible de monedas para pagar por cada objeto.

¿Qué monedas usarán para pagar los objetos?

3. Explicar Marci piensa que deben usar tres monedas de 5¢ y tres de 1¢ para comprar la muñeca. ¿Usarían la menor cantidad de monedas de esta manera? Explícalo.

4. Generalizar ¿Cómo puedes hallar la menor cantidad de monedas que se pueden usar para pagar cualquiera de los 3 objetos?

5. Razonar Completa la tarjeta de compras de los Rivas. Anota la menor cantidad de monedas que pueden usar para pagar por cada objeto. Usa marcas de conteo.

Objeto	Monedas de 25¢	Monedas de 10¢	Monedas de 5¢	Monedas de 1¢
Bicicleta				
Muñeca				
Pelota de básquetbol				

Tema 8 | Lección 5

Nombre _____

Práctica   Herramientas

¡Revisemos! Puedes usar dos tipos de relojes para decir la hora.

El minutero se mueve para marcar cada minuto. Se mueve 5 veces entre cada número. Es decir, el minutero se mueve de número en número cada 5 minutos.

Hay 30 minutos en media hora y 60 minutos en una hora. La manecilla de la hora se mueve de número en número cada 60 minutos.

Cuenta de 5 en 5. Escribe la hora.

Práctica adicional 8-6

Decir y escribir la hora de cinco en cinco minutos

ACTIVIDAD PARA EL HOGAR
Dibuje esferas de tres relojes que muestren las 3:20, las 10:50 y las 7:05. Pida a su niño(a) que le diga qué hora marca cada reloj.

1.

2.

Tema 8 | Lección 6

En línea | SavvasRealize.com

ciento diecinueve **119**

3. Hacerlo con precisión Se muestra la hora en el siguiente reloj.

Dibuja la hora en el reloj del recuadro de la derecha. Luego, completa cada oración.

El minutero está señalando el _____.

La manecilla de la hora está entre el _____ y el _____.

Razonamiento de orden superior Cada acertijo es sobre un reloj diferente. Resuelve el acertijo y escribe la hora.

4. Mi manecilla de la hora está entre el 3 y el 4. Mi minutero señala el 7.

¿Qué hora muestro? _____

5. Mi manecilla de la hora está entre el 5 y el 6. Mi minutero señala el 4.

¿Qué hora muestro? _____

6. Mi manecilla de la hora está entre el 11 y el 12. Mi minutero señala el 3.

¿Qué hora muestro? _____

7. Mi manecilla de la hora está entre el 1 y el 2. Mi minutero señala el 9.

¿Qué hora muestro?

8. ☑ **Práctica para la evaluación** ¿Qué hora muestra el reloj?

Ⓐ 5:00

Ⓒ 5:10

Ⓑ 5:05

Ⓓ 5:25

Nombre _____

Práctica
adicional 8-7
Decir la hora
antes y después
de la hora
en punto

¡Revisemos! Estas son diferentes maneras de decir la hora antes o después de la hora en punto.

6:15

15 minutos después de las 6 o las 6 y cuarto

6:30

30 minutos después de las 6 o las 6 y media

6:45

45 minutos después de las 6 o un cuarto para las 7

2:40

20 minutos antes de las 3 o 40 minutos después de las 2

ACTIVIDAD PARA EL HOGAR
Dibuje varias esferas de reloj. Pida a su niño(a) que dibuje las 7:15, 2:30 y 5:45. Luego, pídale que diga esas horas usando las palabras *y cuarto*, *y media* y *un cuarto para*.

Cuenta de 5 en 5 para decir la hora. Escribe la hora en la línea debajo del reloj. Luego, escribe los números que faltan.

1.

_30_ minutos después

de las ____

____

o las ____ y media

2.

____ minutos después

de las ____ o ____ minutos

antes de las ____

3. Son las 6:10. ¿La manecilla de la hora está más cerca del 6 o del 7?

Explica tu razonamiento.

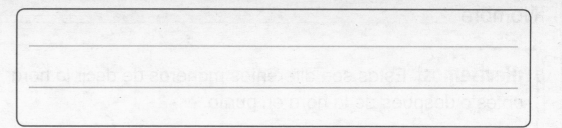

Razonamiento de orden superior Escribe la hora. Luego, responde a las preguntas.

4. Nancy llega 10 minutos antes de las 8.

La escuela empieza a las

¿Nancy llega temprano o tarde a la escuela?

_____

5. Matías llega a un cuarto para las 7.

La cena empieza a las

¿Matías llega temprano o tarde a cenar?

_____

6. ☑ **Práctica para la evaluación** Julia llega a la escuela a las 8 menos 10. ¿Qué reloj muestra esa hora?

Ⓐ

Ⓑ

Ⓒ

Ⓓ

Nombre _____

Práctica   Herramientas

¡Revisemos! Encierra en un círculo *a. m.* o *p. m.* para indicar cuándo tiene lugar cada actividad.

ACTIVIDAD PARA EL HOGAR
Escriba tres cosas que hace a diferentes horas del día. Pida a su niño(a) que le diga si usted las hace en *a. m.* o *p. m.*

Mamá va a nadar en la mañana.

Voy a la práctica de fútbol después de la escuela.

Papá sale a caminar después de la cena en la noche.

9:15

4:00

6:45

a. m. significa antes del mediodía.
p. m. significa después del mediodía.

(a. m.)   p. m.

a. m.   (p. m.)

a. m.   (p. m.)

Completa los relojes para que ambos muestren la misma hora. Luego, encierra en un círculo *a. m.* o *p. m.* para indicar cuándo tiene lugar cada actividad.

I. Comer un refrigerio en la mañana

10:15

(a. m.)   p. m.

2. Cepillarte los dientes después del almuerzo

:

a. m.   p. m.

3. 🅰🅩 **Vocabulario** Escribe un ejemplo de un suceso que podría ocurrir en **a. m.** Escribe un ejemplo de un suceso que podría ocurrir en **p. m.**

_____

_____

_____

4. Razonamiento de orden superior Adivina qué hora es. En este momento es *p. m.* En 10 minutos será *a. m.*
¿Qué hora es ahora? Explícalo.

_____

_____

Escribe la hora en el reloj.

5. ☑ **Práctica para la evaluación** Todas las mañanas, Alexis se despierta a la hora que se muestra en el reloj. ¿A qué hora se despierta Alexis?

Ⓐ 7:15 *a. m.*

Ⓑ 8:15 *a. m.*

Ⓒ 7:15 *p. m.*

Ⓓ 8:15 *p. m.*

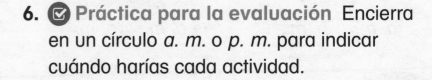

6. ☑ **Práctica para la evaluación** Encierra en un círculo *a. m.* o *p. m.* para indicar cuándo harías cada actividad.

Mirar la puesta del sol	a. m.	p. m.
Desayunar	a. m.	p. m.
Caminar de la escuela a casa	a. m.	p. m.
Tomar el autobús para ir a la escuela	a. m.	p. m.

Práctica   Herramientas

¡Revisemos! Puedes usar modelos para mostrar centenas.

Encierra en un círculo los modelos para mostrar 500.

500 es igual a _____ centenas, 0 decenas y 0 unidades.

Cuenta de 100 en 100 para hallar 500.

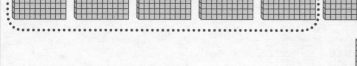

Recuerda que 10 unidades = 1 decena,

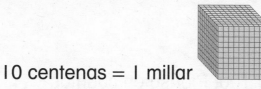

10 decenas = 1 centena   y 10 centenas = 1 millar.

ACTIVIDAD PARA EL HOGAR
Pida a su niño(a) que cuente de centena en centena para resolver el siguiente problema. *Cada caja de clips contiene 100 clips. Daniel tiene 6 cajas de clips. ¿Cuántos clips tiene en total?*

Encierra en un círculo los modelos para mostrar cada número. Escribe cuántas centenas hay.

1. 200   ¿Cuántas centenas? _____

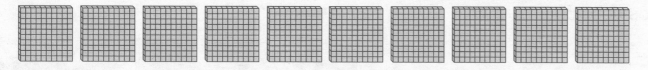

2. 700   ¿Cuántas centenas? _____

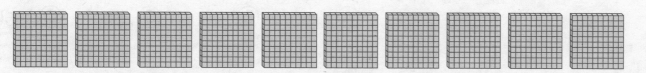

3. 900   ¿Cuántas centenas? _____

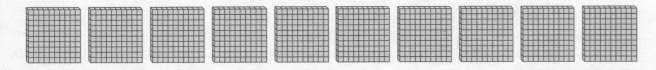

4. 1,000   ¿Cuántas centenas? _____

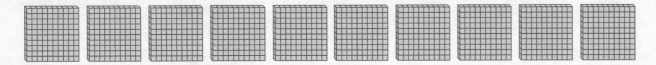

Resuelve los siguientes problemas.

5. Usa bloques de decenas para formar 100. Piensa en cuántas decenas forman 100. Haz un dibujo de tu modelo.

6. **Razonamiento de orden superior** Roberto escogió 2 números. El primer número tiene 7 centenas, 0 decenas y 0 unidades. El segundo número tiene 2 centenas menos que el primer número. ¿Cuáles son los dos números que escogió Roberto?

Los números de Roberto son _____

y _____.

7. ☑ **Práctica para la evaluación** Cada bolsa contiene 100 pretzels. Cuenta de centena en centena para hallar la suma. ¿Cuál es la cantidad total de pretzels en las bolsas?

Ⓐ 150   Ⓑ 400   Ⓒ 500   Ⓓ 550

Nombre _____

¡Revisemos! Usa modelos y tu tablero para agrupar y contar.

Primero, coloca las placas de centenas en tu tablero. Luego, coloca las barras de decenas en tu tablero. Por último, coloca los bloques de unidades en tu tablero.

Escribe la cantidad de centenas, decenas y unidades.

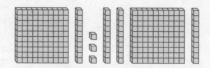

ACTIVIDAD PARA EL HOGAR
Dé a su niño(a) 50 clips u otros objetos pequeños contables. Pídale que los agrupe en decenas y luego escriba el número que contó.

Centenas	Decenas	Unidades
2	4	3

Escribe los números.
Usa modelos y tu tablero si es necesario.

1.

Centenas	Decenas	Unidades

2.

Centenas	Decenas	Unidades

3. Representar Escribe el número según el modelo que se muestra.

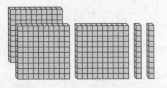

Centenas	Decenas	Unidades

4. Sentido numérico Usa las pistas para resolver la adivinanza numérica.

Tengo un 5 en el lugar de mis unidades. El dígito en el lugar de mis decenas es 3 más que el dígito en el lugar de mis unidades. El dígito en el lugar de mis centenas es 2 menos que el dígito en el lugar de mis unidades. ¿Qué número soy?

_____

5. Razonamiento de orden superior
Vuelve atrás al Ejercicio 4. Escribe tu propia adivinanza numérica usando el valor de posición. Dásela a un compañero para que la resuelva.

_____

_____

_____

6. ☑ **Práctica para la evaluación** ¿Qué número se muestra?

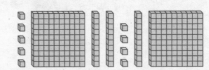

Ⓐ 239

Ⓑ 329

Ⓒ 293

Ⓓ 339

Nombre _____

Práctica Herramientas

¡Revisemos! Puedes hallar el valor de cada dígito de un número por la posición que ocupa.

Centenas	Decenas	Unidades
2	4	3

El valor del 2 es _2 centenas_
o _200_.

El valor del 4 es _4 decenas_ o _40_.

El valor del 3 es _3 unidades_ o _3_.

ACTIVIDAD PARA EL HOGAR
Escoja dos números de 3 dígitos. Pida a su niño(a) que nombre el valor de cada dígito de cada número.

Usa el número en la tabla de valor de posición. Escribe el valor de cada dígito.

I.

Centenas	Decenas	Unidades
8	2	1

El valor del 8 es _____ centenas
u _____.

El valor del 2 es _____ decenas
o _____.

El valor del 1 es _____ unidad
o _____.

2.

Centenas	Decenas	Unidades
5	7	9

El valor del 5 es _____ centenas
o _____.

El valor del 7 es _____ decenas
o _____.

El valor del 9 es _____ unidades
o _____.

3. Completa la tabla para hallar el número.

El número tiene 0 unidades.
Tiene 7 centenas.
Tiene 8 decenas.

Centenas	Decenas	Unidades

¿Qué número es? _____

4. Explicar Ana dice que el 4 en 643 tiene un valor de 4 decenas o 40. ¿Estás de acuerdo con el razonamiento de Ana? Explícalo. Usa dibujos, palabras o números en tu respuesta.

5. Razonamiento de orden superior Luisa escribió un número de 3 dígitos. El valor del dígito en el lugar de las centenas es 6 centenas. El dígito en el lugar de las decenas es 3 menos que el dígito en el lugar de las centenas. La suma de los tres dígitos es 12. ¿Cuál es el número de Luisa?

El número de Luisa es _____.

6. ☑ **Práctica para la evaluación** ¿Cuál es el valor del 7 en el número 763?

Ⓐ 7

Ⓑ 70

Ⓒ 100

Ⓓ 700

Práctica Herramientas

¡Revisemos! Puedes escribir y mostrar números de maneras diferentes.

La **forma desarrollada** usa signos más para mostrar centenas, decenas y unidades.

200 + 60 + 4

Puedes dibujar modelos para mostrar la forma desarrollada.

El número **en palabras** es

doscientos sesenta y cuatro.

La **forma estándar** es

264.

ACTIVIDAD PARA EL HOGAR
Diga un número de 3 dígitos, como ochocientos cincuenta y uno. Escríbalo en palabras. Pida a su niño(a) que escriba el número en forma estándar y en forma desarrollada.

Resuelve cada problema.

1. Dibuja modelos para mostrar la forma desarrollada. Escribe el número en forma estándar.

400 + 30 + 8

cuatrocientos treinta y ocho

_____

2. Escribe el número en forma desarrollada y en forma estándar.

trescientos cincuenta y cuatro

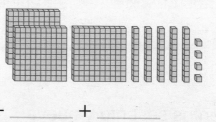

_____ + _____ + _____

3. (A-Z) **Vocabulario** Escribe el número en **forma estándar**.

Luego, escríbelo **en palabras**.

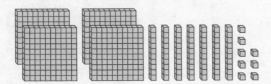

$400 + 70 + 8$

_____

_____

4. ☑ **Práctica para la evaluación** Hay 329 carros y 293 camiones en un estacionamiento.

¿Cuál es la forma desarrollada del número de carros que hay?

(A) $200 + 90 + 3$

(B) $300 + 20 + 9$

(C) $300 + 90 + 2$

(D) $600 + 20 + 2$

Razonamiento de orden superior Usa las pistas para completar el crucigrama numérico.

Horizontales

5. $500 + 20 + 3$

7.

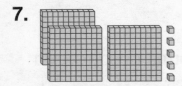

9. $400 + 20 + 9$

10.

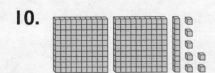

13. Doscientos sesenta y nueve

Verticales

6. $300 + 40 + 7$

7. Trescientos noventa y siete

8. $500 + 60 + 9$

11.

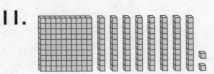

12. Cuatrocientos treinta y ocho

Tema 9 | Lección 4

Nombre _____

¡Revisemos! Puedes mostrar un número de maneras diferentes.

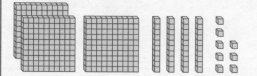

___3___ centenas, ___4___ decenas y ___8___ unidades

348 = ___300___ + ___40___ + ___8___ es igual a

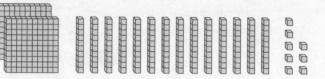

___2___ centenas, ___14___ decenas y ___8___ unidades

348 = ___200___ + ___140___ + ___8___

Recuerda que 10 decenas forman 1 centena. Por tanto, 1 centena y 4 decenas es igual a 14 decenas.

ACTIVIDAD PARA EL HOGAR
Escriba la forma desarrollada de un número y pida a su niño(a) que le diga otra manera de mostrar el número. Por ejemplo, escriba 200 + 10 + 6 o 900 + 40 + 3.

Muestra dos maneras diferentes de nombrar el número. Puedes usar bloques de valor de posición para ayudarte.

1. 734 = _____ centenas, _____ decenas y _____ unidades.

   734 = _____ + _____ + _____

   734 = _____ centenas, _____ decenas y _____ unidades.

   734 = _____ + _____ + _____

2. Hacerlo con precisión ¿Qué número muestra el modelo?

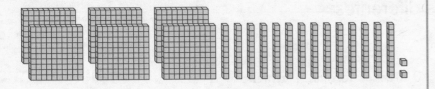

_____

3. Sentido numérico Escribe un número de 3 dígitos. Luego, escríbelo de dos maneras diferentes.

Mi número _____

Manera 1 _____

Manera 2 _____

4. enVision® STEM Mateo construyó una casa con 164 bloques. La parte principal de su casa tiene 100 bloques. El techo tiene 50 bloques. La chimenea tiene 14 bloques. Escribe otra manera de usar la misma cantidad de bloques para una casa nueva.

Piensa en el valor de posición para resolver el problema.

5. Razonamiento de orden superior Escribe 936 de dos maneras diferentes usando las siguientes tablas.

Centenas	Decenas	Unidades

Centenas	Decenas	Unidades

6. ☑ Práctica para la evaluación ¿Cuál es una manera de mostrar 764? Escoge todas las que apliquen.

☐ $600 + 150 + 4$

☐ $600 + 150 + 14$

☐ $700 + 50 + 14$

☐ $700 + 60 + 4$

Práctica   Herramientas

¡Revisemos! Los dígitos en los números pueden ayudarte a hallar patrones.

1,000 viene después de 999.

975	976	977	978	979	980
985	986	987	988	989	990
995	996	997	998	999	1,000

Escoge una fila de la tabla. Lee los números de izquierda a derecha.

Los **dígitos de las unidades** aumentan en _____.

Escoge una columna de la tabla y lee los números de arriba hacia abajo.

Los **dígitos de las decenas** aumentan en _____.

ACTIVIDAD PARA EL HOGAR
Escriba un número de tres dígitos, como 120. Pida a su niño(a) que escriba los cuatro números que vienen después, contando de 1 en 1. Luego, pídale que empiece con ese número y que escriba los cuatro números que vienen antes, contando de 10 en 10.

Usa los patrones de valor de posición y el cálculo mental para hallar los números que faltan.

1.

633		635		637	
	644			647	648
653			656	657	

2.

	285	286			289
294	295		297		299
304			307		

Resuelve cada problema.

3. Explicar Manuel cree que el dígito de las decenas aumenta en 1 en estos números. ¿Estás de acuerdo? Explícalo.

460, 470, 480, 490, 500, 510

_____

_____

4. Explicar Marisol cree que el dígito de las decenas aumenta en 1 en estos números. ¿Estás de acuerdo? Explícalo.

994, 995, 996, 997, 998, 999

_____

_____

5. Razonamiento de orden superior Escribe 5 números de tres dígitos. De izquierda a derecha, el dígito de las unidades en tus números debe aumentar en 1.

_____, _____, _____, _____, _____

Escribe 5 números de tres dígitos. De izquierda a derecha, el dígito de las decenas en tus números debe aumentar en 1.

_____, _____, _____, _____, _____

6. ✓ **Práctica para la evaluación** Usa los números de las tarjetas. Escribe los números que faltan en la tabla numérica.

557 539 545 547

535	536	537	538		540
	546		548	549	550
555	556		558	559	560

Nombre _____

¡Revisemos! Cuenta salteado en la recta numérica.
Escribe los números que faltan.

¡Contamos salteado de 10 en 10! 160, 170, 180, 190...

160 170 180 [190] [200] [210] [220]   230

Halla la diferencia entre dos números que estén uno junto al otro.
Eso te da el número que estás usando para contar salteado.

ACTIVIDAD PARA EL HOGAR
Dibuje una recta numérica con números que aumentan de 5 en 5. Pida a su niño(a) que le diga de cuánto en cuánto puede contar salteado. Repita esta actividad usando números que aumentan de 10 en 10.

Cuenta salteado en la recta numérica. Escribe los números que faltan.

1.
530 540 550 [ ] [ ] 580 [ ] 600 [ ] 620

2.
100 200 [ ] 400 [ ] [ ] [ ] 800 [ ] [ ]

3. Buscar patrones José quiere contar de 10 en 10 empezando en 710. Él escribe 710, 720, 730 en una hoja de papel. ¿Cuáles son los siguientes 5 números que José debe escribir después de 730?

_____, _____, _____, _____, _____

4. Buscar patrones Cristina quiere contar de 100 en 100 empezando en 200. Ella escribe 200, 300, 400 en una hoja de papel. ¿Cuáles son los siguientes 5 números que Cristina debe escribir después de 400?

_____, _____, _____, _____, _____

5. Razonamiento de orden superior Teresa quiere mostrar cómo contar de 5 en 5 desde un número hasta llegar a 1,000. Escribe los números que ella debe escribir en la siguiente recta numérica. ¿Cómo lo sabes?

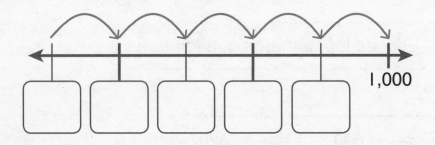

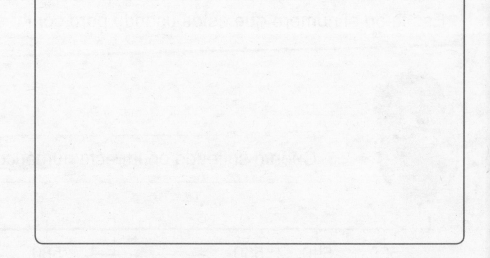

6. ✓ Práctica para la evaluación La familia de Elena fue a la playa 4 veces. Durante sus viajes, recolectaron 120, 130, 140 y 150 conchas marinas.

¿Qué número se usa para contar salteado de 120 a 150 en la recta numérica?

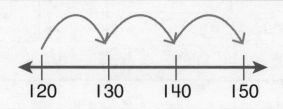

Ⓐ 2   Ⓑ 5   Ⓒ 10   Ⓓ 100

Nombre _____

¡Revisemos! Para comparar dos números, primero compara los dígitos con el mayor valor de posición.

Si las centenas son iguales, compara las decenas. Si las decenas son iguales, compara las unidades.

¡Usa modelos como ayuda!

Centenas	Decenas	Unidades
1	1	7
1	1	6

117   116

7 es <u>mayor que</u> 6.

Por tanto, 117 ⊃ 116.

> significa "es mayor que".
< significa "es menor que".
= significa "es igual a".

ACTIVIDAD PARA EL HOGAR
Pregunte a su niño(a) si 540 es mayor que o menor que 524. Luego, pídale que explique su respuesta.

Compara. Escribe >, < o =. Usa bloques de valor de posición como ayuda si es necesario.

1. 341 ◯ 432

2. 990 ◯ 290

3. 621 ◯ 639

4. 890 ◯ 880

5. 546 ◯ 546

6. 999 ◯ 995

Entender Usa los números de los triángulos como dígitos. Escribe un número que haga que cada comparación sea verdadera.

7.

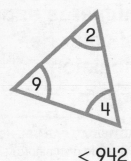

_____ < 942

8.

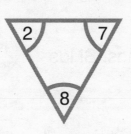

872 > _____

Verifica que tu respuesta tenga sentido.

9. Anita comparó 790 y 709. Su trabajo se muestra a la derecha. ¿Es correcta la comparación de Anita? Si no es correcta, corrige el error.

_____

_____

El trabajo de Anita
790 < 709
Comparé las unidades.
0 es menor que 9.
Por tanto, 790 < 709.

10. Razonamiento de orden superior Un número es menor que 200 y mayor que 100. El dígito de las unidades es 5 menos que 10. El dígito de las decenas es 2 más que el dígito de las unidades. ¿Cuál es el número?

11. ☑ **Práctica para la evaluación** Esta semana, 161 aficionados miraron un partido de fútbol. La semana pasada, 116 aficionados miraron un partido de fútbol. ¿Qué comparación es correcta?

Ⓐ 116 = 116

Ⓒ 116 > 161

Ⓑ 161 < 116

Ⓓ 116 < 161

Nombre _____

¡Revisemos! Piensa en el orden de los números.

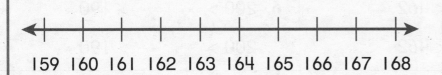

En una recta numérica, los números siguen al infinito en ambas direcciones. Por tanto, 170 también es mayor que 167.

159 160 161 162 163 164 165 166 167 168

Escribe un número para que cada comparación sea correcta.

__160__ es **menor que** 163.   __168__ es **mayor que** 167.

__161__ es **mayor que** 160 y es **menor que** 162.

ACTIVIDAD PARA EL HOGAR
Pida a su niño(a) que escoja un número de tres dígitos. Luego, pídale que nombre un número mayor que ese número y otro menor que ese número.

Escribe un número para que cada comparación sea correcta. Usa la recta numérica como ayuda.

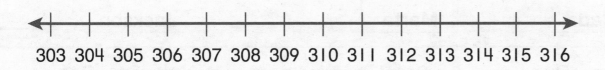

303 304 305 306 307 308 309 310 311 312 313 314 315 316

1. _____ es **menor que** 304.

2. _____ es **mayor que** 307.

3. _____ es **mayor que** 314 y **menor que** 316.

4. 805 > _____ > 795

805 > _____ > 795

805 > _____ > 795

5. 457 < _____ < 462

457 < _____ < 462

457 < _____ < 462

6. 200 > _____ > 190

200 > _____ > 190

200 > _____ > 190

---

7. Razonamiento de orden superior Empareja al jugador de fútbol con su número de equipo. Escribe el número en el recuadro.

Números de equipo			
192	319	198	420

Mi número es mayor que 197 y menor que 199.

Mi número es menor que el número de Carlos.

Mi número es menor que 421 y mayor que 419.

Mi número es mayor que el número de Carlos y menor que el número de Marta.

Carlos

Jada

Marta

Jackson

---

8. ☑ **Práctica para la evaluación** ¿Qué comparaciones son correctas? Escoge todas las que apliquen.

☐ 294 < 293   ☐ 296 > 295

☐ 295 < 298   ☐ 297 = 297

9. ☑ **Práctica para la evaluación** ¿Qué número es menor que 909 y mayor que 868?

Ⓐ 969   Ⓒ 688

Ⓑ 896   Ⓓ 919

Nombre _____

¡Revisemos! Ricardo debe pintar el número de su taxi. Su número es el número mayor que sigue en el patrón.

¿Cuál es el número del taxi de Ricardo?

Primero, ordena los números de menor a mayor.

400, 405, 410, 415

Luego, busca un patrón y nombra la regla del patrón.

El dígito de las centenas no cambia. Los números se incrementan en 5 cada vez.

¡La regla del patrón es incrementar en 5! El número del taxi de Ricardo es 420.

ACTIVIDAD PARA EL HOGAR
Escriba los números 285, 265, 255, 275 y 245 en pedacitos de papel. Pida a su niño(a) que ordene los números de menor a mayor. Luego, pídale que le diga cuál es la regla del patrón y que halle el siguiente número del patrón.

Busca un patrón numérico para resolver el problema.

1. Jaime quiere ordenar los números de sus osos de peluche de mayor a menor. Una vez ordenados los números, ¿qué número vendría después?

Primero, ordena los números de mayor a menor.

_____, _____, _____, _____

Luego, busca un patrón y nombra la regla del patrón.

_____

¿Cuál sería el siguiente número del patrón? _____

Carrera de bicicletas

Tomás y Tina se hacen miembros del equipo morado para la carrera de bicicletas. Los números de sus bicicletas serán los dos números más grandes que siguen en el patrón.

Ayúdalos a hallar los números de sus bicicletas.

2. Razonar Haz una lista de menor a mayor de los números de las bicicletas.

_____, _____, _____, _____, _____

3. Buscar patrones Busca un patrón y nombra la regla del patrón. ¿Cuáles son los números de las bicicletas de Tomás y Tina?

_____

_____

_____

4. Buscar patrones Supón que se dan nuevos números de bicicletas en orden decreciente. ¿Qué números podrían recibir Tomás y Tina? Explícalo.

_____

_____

_____

Nombre _____

¡Revisemos! Calcula mentalmente para sumar 10 o 100 a números de tres dígitos. Halla $315 + 10$ y $315 + 100$.

El valor de posición puede ayudarte a sumar 10 o 100 mentalmente.

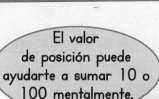

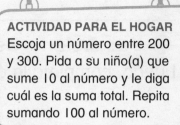

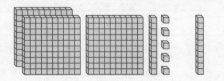

1 decena más 1 decena es 2 decenas.

$315 + 10 = 3\boxed{2}5$

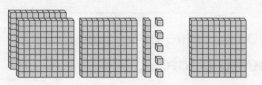

3 centenas más 1 centena es 4 centenas.

$315 + 100 = \boxed{4}15$

Suma 10 y luego suma 100 a los siguientes números. Usa bloques si es necesario.

1.

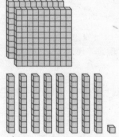

_____ + 10 = _____

_____ + 100 = _____

2.

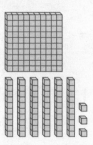

_____ + 10 = _____

_____ + 100 = _____

3.

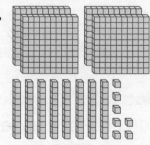

_____ + 10 = _____

_____ + 100 = _____

4. $100 + \boxed{}00 = 200$

5. $223 + \boxed{}00 = 323$

6. $\$10 + \$351 = \$3\boxed{}1$

(A-Z) **Vocabulario** Usa el cálculo mental. Escribe el dígito que falta.
Luego, completa la oración con **sumando** o **suma o total.**

7. $6\boxed{}3 + 10 = 683$

683 es el/la _____.

8. $\boxed{}35 + 100 = 535$

El/La _____ es 535.

9. $802 + 10 = 81\boxed{}$

802 es un/una _____.

Razonamiento de orden superior Escribe los dígitos que faltan.

10. $22\boxed{} + 100 + 105 = 4\boxed{}8$

11. $\boxed{}12 + 205 + 10 = 32\boxed{}$

Usa el cálculo mental para resolver el problema.

12. ☑ **Práctica para la evaluación** ¿Cuál es el sumando que falta en la ecuación?

$\$379 + \underline{} = \$389$

Ⓐ $10   Ⓒ $100

Ⓑ $20   Ⓓ $380

13. ☑ **Práctica para la evaluación** ¿Cuál es el total de $274 + 100$?

Ⓐ 174   Ⓒ 284

Ⓑ 184   Ⓓ 374

Nombre _____

¡Revisemos! Halla 284 + 231.

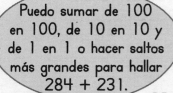

Puedo sumar de 100 en 100, de 10 en 10 y de 1 en 1 o hacer saltos más grandes para hallar 284 + 231.

Manera 1:

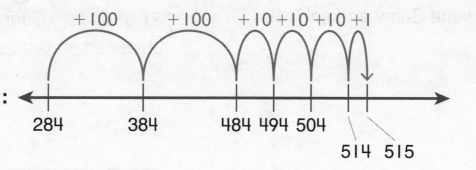

284   384   484 494 504

514 515

Manera 2:

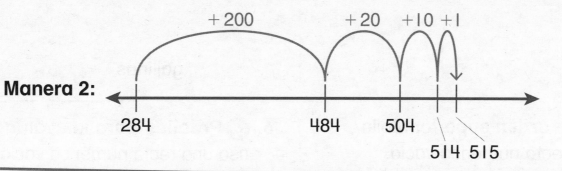

284   484   504

514 515

ACTIVIDAD PARA EL HOGAR
Pida a su niño(a) que muestre cómo hallaría 153 + 162 usando una recta numérica vacía.

Usa una recta numérica vacía para hallar las sumas.

1. 483 + 172 = _____

2. 288 + 324 = _____

Resuelve los problemas. Usa la recta numérica para mostrar tu trabajo.

3. **Razonar** Samy tiene 264 bloques en una caja. Si Mirta le da 341 bloques más, ¿cuántos bloques tiene Samy en total?

_____ bloques

4. Javier tiene 509 gallinas en su granja. Beto le da 111 gallinas y Nelson le da 21 gallinas. ¿Cuántas gallinas tiene Javier en su granja ahora?

_____ gallinas

5. **Razonamiento de orden superior** Zoila está usando una recta numérica vacía. Quiere hallar 232 + 578. ¿Qué sumando debe escribir al comienzo de la recta numérica? Explícalo.

_____

_____

_____

6. ☑ **Práctica para la evaluación** Raúl usa una recta numérica vacía para hallar 570 + 241. Uno de sus saltos es + 40. Dibuja lo que podría haber hecho Raúl. Escribe la suma.

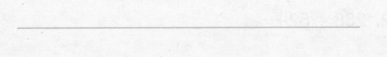

$570 + 241 =$ _____

Nombre _____

¡Revisemos! Halla 154 + 165.

Paso 1: Muestra cada número con bloques de valor de posición.

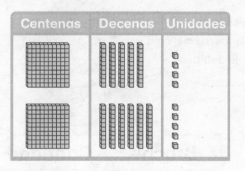

Paso 2: Une las centenas, decenas y unidades. Reagrupa si es necesario.

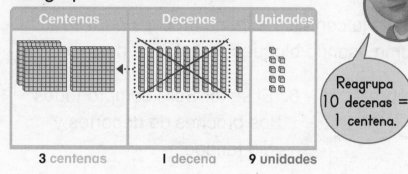

Centenas	Decenas	Unidades

3 centenas **1** decena **9** unidades

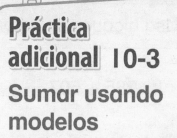

Reagrupa 10 decenas = 1 centena.

ACTIVIDAD PARA EL HOGAR
Pida a su niño(a) que le muestre cómo sumar 305 + 497 usando modelos. Pídale que explique cómo hace la suma.

Por tanto, 154 + 165 = _319_.

Usa bloques de valor de posición o dibujos para hallar las sumas. Reagrupa si es necesario.

1. 248 + 455 = _____

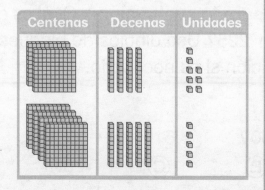

Centenas	Decenas	Unidades

2. 209 + 376 = _____

Centenas	Decenas	Unidades

3. 594 + 126 = _____

Centenas	Decenas	Unidades

4. 285 + 507 = _____

5. _____ = 378 + 142

6. 371 + 431 = _____

Hacerlo con precisión Halla la cantidad total de broches para cada problema. Usa la tabla. Suma usando bloques de valor de posición.

Usa con precisión los números de la tabla.

7. La señora Juárez compra todos los broches de animales y frutas.

8. El señor Solís compra todos los broches de deportes y día feriado.

Broche	Cantidad
Animales	378
Deportes	142
Frutas	296
Día feriado	455

_____ ◯ _____ = _____

_____ broches

_____ ◯ _____ = _____

_____ broches

---

9. Razonamiento de orden superior El gerente de un teatro quiere añadir 140 asientos más. El teatro tendrá entonces 375 asientos en total. ¿Cuántos asientos tiene el teatro ahora?

_____ asientos

10. **Práctica para la evaluación** ¿Cuál es el total de 294 + 225? Usa dibujos de bloques de valor de posición si es necesario.

419   509   519   529

Ⓐ   Ⓑ   Ⓒ   Ⓓ

Nombre _____

¡Revisemos! Halla 135 + 248. Dibuja bloques para cada sumando.

Paso 1: Une las centenas. 3 centenas = 300
Paso 2: Une las decenas. 7 decenas = 70
Paso 3: Une las unidades. 13 unidades = 13
Paso 4: Suma las sumas parciales.

	Centenas	Decenas	Unidades
135			
248			

Suma las sumas parciales:
300 + 70 + 13 = 383.

135 + 248 = 383

ACTIVIDAD PARA EL HOGAR
Pida a su niño(a) que dibuje bloques de valor de posición y use las sumas parciales para hallar 158 + 146.

Dibuja bloques para hallar las sumas parciales.
Suma las sumas parciales para hallar el total.

1. 341 + 127 = _____

Centenas	Decenas	Unidades

2. 524 + 249 = _____

Centenas	Decenas	Unidades

Dibuja bloques para hallar las sumas parciales. Suma las sumas parciales.

3. $209 + 123 =$ _____

Centenas	Decenas	Unidades

4. $493 + 265 =$ _____

Centenas	Decenas	Unidades

5. $582 + 356 =$ _____

Centenas	Decenas	Unidades

6. $234 + 427 =$ _____

Centenas	Decenas	Unidades

7. Razonamiento de orden superior Escribe un cuento de suma para $482 + 336$ y resuélvelo.

_____

_____

_____

8. ☑ **Práctica para la evaluación** Dibuja bloques de valor de posición y muestra sumas parciales para hallar $486 + 204$.

$486 + 204 =$ _____

Centenas	Decenas	Unidades

Nombre _____

¡Revisemos! Puedes usar el valor de posición para sumar dos números de 3 dígitos.

$164 + 258 = ?$

Halla las sumas parciales. Luego, suma las sumas parciales para hallar el total.

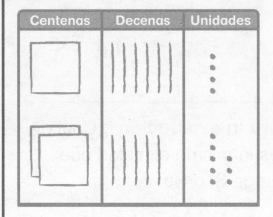

Centenas	Decenas	Unidades
1	6	4
+ 2	5	8
3	0	0
1	1	0
	1	2
4	2	2

Suma las **centenas**.
Suma las **decenas**.
Suma las **unidades**.
Suma las sumas parciales.

ACTIVIDAD PARA EL HOGAR
Escriba 581 + 294 en una hoja de papel. Pida a su niño(a) que use sumas parciales para hallar la suma o total.

Por tanto, $164 + 258 = \underline{422}$.

Usa sumas parciales para sumar. Muestra tu trabajo. Usa dibujos de bloques si es necesario.

1. $218 + 136 = ?$

Centenas	Decenas	Unidades
2	1	8
+ 1	3	6

Centenas: | 3 | 0 | 0 |
Decenas: | | 4 | 0 |
Unidades: | | 1 | 4 |
Suma o total = | | | |

2. $365 + 248 = ?$

Centenas	Decenas	Unidades
3	6	5
+ 2	4	8

Centenas: | | | |
Decenas: | | | |
Unidades: | | | |
Suma o total = | | | |

3.
$$714$$
$$+135$$

4.
$$168$$
$$+423$$

5.
$$266$$
$$+597$$

6.
$$474$$
$$+238$$

7.
$$567$$
$$+137$$

8. **Razonamiento de orden superior**
Completa los números que faltan para que el problema de suma sea verdadero.

	Centenas	Decenas	Unidades
	2	☐	8
+	☐	7	☐
Centenas:	☐	0	0
Decenas:		☐	0
Unidades:		☐	☐
Suma o total =	8	9	0

9. ☑ **Práctica para la evaluación** ¿Cuál de las siguientes es la misma cantidad que 462 + 253? Escoge Sí o No.

$600 + 11 + 5$ ◯ Sí ◯ No

$600 + 110 + 5$ ◯ Sí ◯ No

$600 + 100 + 15$ ◯ Sí ◯ No

715 ◯ Sí ◯ No

Hay más de una manera de escribir una suma.

Práctica Herramientas

Práctica adicional 10-6
Explicar las estrategias de suma

¡Revisemos! Halla 219 + 468.

Una manera

Puedes usar el cálculo mental y una recta numérica vacía para llevar la cuenta. Explica tu razonamiento:

Puedo sumar en cualquier orden.
Puedo empezar en 468 y sumar 219.

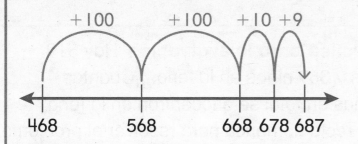

+100   +100   +10 +9

468   568   668 678 687

Otra manera

También puedes usar sumas parciales.

```
  219
+ 468
─────
  600
   70
+  17
─────
  687
```

Suma las sumas parciales para hallar el total.

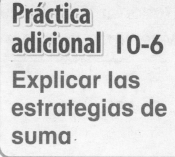

ACTIVIDAD PARA EL HOGAR
Pida a su niño(a) que escoja una estrategia para hallar 429 + 378. Luego, pídale que le explique por qué su estrategia funciona.

Escoge cualquier estrategia para resolver las sumas. Muestra tu trabajo y luego, explícalo.

1. 192 + 587 = _____

2. 269 + 658 = _____

3. $635 + 284 =$ _____

4. $701 + 103 =$ _____

_____

_____

5. Razonamiento de orden superior Explica dos maneras diferentes de hallar $562 + 399$.

Una manera
Otra manera

6. ☑ **Práctica para la evaluación** Hay 519 adultos y 369 niños en la feria. ¿Cuántas personas en total se encuentran en la feria? Usa la recta numérica para resolver el problema. Explica tu trabajo.

_____

_____

_____

¡Revisemos! Halla 265 + 226.

Cuando hallas sumas parciales, usas el razonamiento repetido.

> Sumé primero las centenas, luego las decenas y por último las unidades. Mi total es 491.

> Sumé las unidades primero, luego las decenas y por último las centenas. Mi total es 491.

```
  265
+ 226
  400
   80
+  11
  491
```

```
  265
+ 226
   11
   80
+ 400
  491
```

ACTIVIDAD PARA EL HOGAR
Pida a su niño(a) que resuelva 204 + 738 usando sumas parciales. Luego, pídale que le explique cómo resolvió el problema.

Usa las sumas parciales y el razonamiento repetido para resolver los problemas. Muestra tu trabajo. Di en qué orden hallaste las sumas parciales.

1.
```
  244
+ 139
```

2.
```
  371
+ 240
```

Costos de la excursión

La clase de Diego alquila un autobús por $168 para ir al teatro. ¿Cuánto cuesta en total alquilar el autobús y pagar los boletos del teatro?

Lugar	Costo de los boletos
Museo de Ciencias	$158
Granja de caballos	$225
Teatro	$127

3. Entender ¿Qué sabes? ¿Qué se te pide que halles?

_____

_____

_____

_____

4. Representar Escribe una ecuación que represente el problema que debes resolver.

_____ ◯ _____ = _____

5. Generalizar Usa lo que ya sabes sobre sumar números de 3 dígitos para resolver el problema. Explica lo que hiciste.

_____

_____

_____

_____

Práctica Herramientas

¡Revisemos! Calcula mentalmente para restar 10 o 100 de números de 3 dígitos.
Halla 278 − 10 y 278 − 100.

El valor de posición puede ayudarte a restar 10 o 100 mentalmente.

ACTIVIDAD PARA EL HOGAR
Escoja un número entre 300 y 400. Pida a su niño(a) que le reste 10 al número y que le diga la diferencia. Repítalo restando 100 del mismo número.

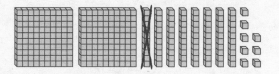

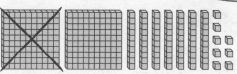

7 decenas menos 1 decena

es 6 decenas.

278 − 10 = 2 6 8

2 centenas menos 1 centena

es 1 centena.

278 − 100 = 1 78

Resta 10 y luego, resta 100 a los siguientes números.
Usa bloques si es necesario.

I.

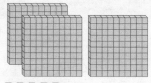

_____ − 10 = _____

_____ − 100 = _____

2.

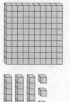

_____ − 10 = _____

_____ − 100 = _____

3.

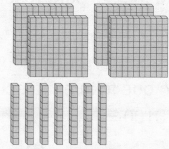

_____ − 10 = _____

_____ − 100 = _____

Usa el cálculo mental y escribe el dígito que falta.

4. $\boxed{}69 - 100 = 469$

5. $\$\boxed{}90 - \$100 = \$790$

6. $402 - 10 = 3\boxed{}2$

A-Z Vocabulario Usa el cálculo mental y escribe el dígito que falta. Luego, completa la oración con **más que** o **menos que**.

7. $271 - 100 = 1\boxed{}1$

171 es 100 _____ 271.

8. $475 - 100 = \boxed{}75$

475 es 100 _____ 375.

9. $612 - \boxed{}0 = 602$

602 es diez _____ 612.

---

10. Razonamiento de orden superior Adam está restando 708 − 10 mentalmente. Él cree que los dígitos de las decenas y de las centenas van a cambiar. La respuesta que obtiene es 698. ¿Es correcto el razonamiento de Adam? Explícalo.

Usa el cálculo mental para resolver.

11. ☑ Práctica para la evaluación ¿Cuál es el monto que falta en la ecuación?

$\$287 - \$100 = $ _____

Ⓐ $387

Ⓑ $277

Ⓒ $187

Ⓓ $187

12. ☑ Práctica para la evaluación ¿Qué ecuaciones son verdaderas? Selecciona todas las que apliquen.

☐ $144 - 100 = 44$

☐ $202 - 10 = 192$

☐ $\$405 - \$10 = \$400$

☐ $560 - 100 = 550$

Práctica   Herramientas

¡Revisemos! Halla 664 − 450.

Una manera Suma

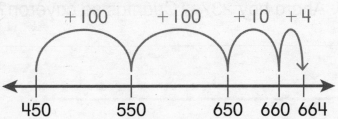

+100   +100   + 10   + 4

450   550   650   660   664

Suma centenas, decenas y unidades. 100 + 100 + 10 + 4 = 214

Otra manera Cuenta hacia atrás

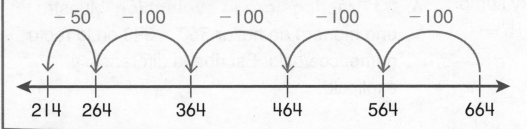

− 50   −100   −100   −100   −100

214   264   364   464   564   664

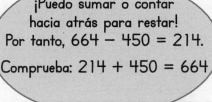
¡Puedo sumar o contar hacia atrás para restar!
Por tanto, 664 − 450 = 214.

Comprueba: 214 + 450 = 664

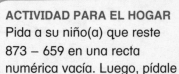
ACTIVIDAD PARA EL HOGAR
Pida a su niño(a) que reste 873 − 659 en una recta numérica vacía. Luego, pídale que compruebe la respuesta.

Usa la recta numérica vacía para restar.

1. 994 − 770 = _____

2. 831 − 716 = _____

Resuelve los problemas. Comprueba tu trabajo.

3. **Razonar** Ana tiene 365 calcomanías y le regala 238 a Pilar. ¿Cuántas calcomanías le quedan a Ana?

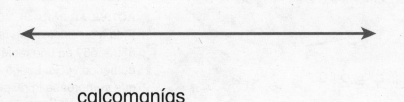

_____ calcomanías

4. **enVision® STEM** Un grupo de aves tenía 362 semillas. Algunas semillas se cayeron al suelo. Ahora hay 237. ¿Cuántas se cayeron?

_____ semillas

5. **Razonamiento de orden superior** Ricky sumó en la recta numérica y halló que 535 − 315 = 210. ¿Es correcto su trabajo? Explícalo.

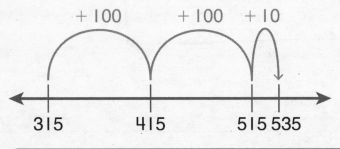

6. ☑ **Práctica para la evaluación** Muestra una manera de hallar 560 − 340 en la recta numérica vacía. Escribe la diferencia y explícalo.

560 − 340 = _____

Nombre _____

¡Revisemos! Puedes usar dibujos para restar. Halla 327 − 164.

Una manera
Paso 1: Dibuja 327.
Puedes restar las centenas primero.
Resta 1 centena.

Centenas	Decenas	Unidades

Paso 2: Reagrupa 1 centena en 10 decenas. Puedes restar las decenas luego. Resta 6 decenas. Luego, resta las unidades. Resta 4 unidades.

Centenas	Decenas	Unidades

Por tanto, 327 − 164 = ___163___

ACTIVIDAD PARA EL HOGAR
Pida a su niño(a) que dibuje bloques de valor de posición para representar y hallar 583 − 274.

Usa bloques de valor de posición o dibujos para hallar las diferencias. Reagrupa si es necesario.

1. 549 − 295 = _____

Centenas	Decenas	Unidades

2. 835 − 516 = _____

Centenas	Decenas	Unidades

3. **Entender** Lacy tiene 517 tarjetas de béisbol. Tiene 263 tarjetas de fútbol americano. ¿Cuántas tarjetas de béisbol más que de fútbol americano tiene?

_____ tarjetas de béisbol más

4. **Razonamiento de orden superior** Usa cada uno de los siguientes números.

8	5	1	8	3	9

Escribe el problema de resta que tiene la mayor diferencia entre dos números de tres dígitos. Luego, resuelve.

_____ – _____ = _____

5. ☑ **Práctica para la evaluación** ¿Qué ecuaciones son verdaderas? Usa cualquier estrategia para restar. Selecciona todas las opciones que apliquen.

☐ 825 – 635 = 190

☐ 472 – 129 = 343

☐ 506 – 313 = 193

☐ 999 – 281 = 718

6. ☑ **Práctica para la evaluación** Dibuja bloques de valor de posición para hallar 366 – 149. ¿Cuál es la diferencia?

Ⓐ 117

Ⓑ 210

Ⓒ 217

Ⓓ 220

Centenas	Decenas	Unidades

Práctica   Herramientas

¡Revisemos! Puedes usar dibujos y diferencias parciales para restar.
Halla 361 − 142.

Paso 1: Dibuja 361. Puedes restar las unidades primero. Resta 1 de las unidades para formar una decena.

Paso 2: Reagrupa 1 decena en 10 unidades. Resta la otra unidad. Luego, resta 4 decenas y 1 centena.

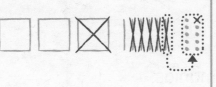

Paso 3: Anota las diferencias parciales.

```
  361
−   1
  360
−   1
  359
−  40
  319
− 100
  219
```

ACTIVIDAD PARA EL HOGAR
Pida a su niño(a) que le muestre cómo restar 431 − 216. Pídale que le explique cada paso de la resta.

Por tanto, 361 − 142 = 219.

Dibuja bloques para hallar las diferencias parciales.
Anota las diferencias parciales para hallar la diferencia.

1. 412 − 103 = _____

2. 398 − 235 = _____

3. 753 − 304 = _____

Entender La señora Anderson reparte calcomanías de estrellas en su clase. Comienza con 989 calcomanías en septiembre. Averigua cuántas le quedan a medida que pasan los meses. Usa cualquier estrategia. Muestra tu trabajo.

4. En septiembre, la señora Anderson reparte 190 calcomanías.

$989 - 190 =$ _____

_____ calcomanías

5. En octubre y noviembre, la señora Anderson reparte 586 calcomanías.

_____ − _____ = _____

_____ calcomanías

6. En diciembre, la señora Anderson reparte 109 calcomanías más.

_____ − _____ = _____

_____ calcomanías

7. Razonamiento de orden superior Elisa recorta 265 tiras de papel para un proyecto de arte. Pega algunas tiras de papel en su pieza de arte. Ahora tiene 138 tiras de papel. ¿Cuántas tiras de papel usó Elisa?

$265 -$ _____ $= 138$

_____ tiras de papel

8. ☑ **Práctica para la evaluación** ¿Qué números completan este problema de diferencia parcial para 764 − 372? Selecciona todos los que apliquen.

```
  764
− 300
─────
    ?
−   2
─────
  462
−  60
─────
  402
−  10
─────
    ?
```

☐ 464   ☐ 402

☐ 462   ☐ 392

Nombre _____

¡Revisemos! Halla 725 − 592.

Una manera Suma para restar.

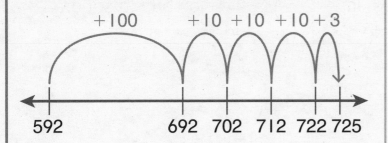

Suma centenas, decenas y unidades.

$100 + 10 + 10 + 10 + 3 = 133$

Por tanto, 725 − 592 = 133.

Otra manera Suma 8 a 592 para que sea más fácil restar.

$725 − 600 = 125$

Dado que restaste 8 de más, suma 8 para obtener la diferencia.

$125 + 8 = 133$

Por tanto, 725 − 592 = 133.

ACTIVIDAD PARA EL HOGAR
Pida a su niño(a) que halle 597 − 217 usando cualquier estrategia de resta que él o ella escoja. Luego, pídale que explique por qué piensa que la estrategia funciona.

Escoge cualquier estrategia para resolver las restas. Muestra tu trabajo. Luego, explica por qué la estrategia funciona.

1. 926 − 407 = _____

_____

_____

_____

2. 532 − 241 = _____

_____

_____

_____

Resuelve los problemas.

3. Explicar Tony quiere contar hacia atrás en una recta numérica vacía para hallar 577 – 479. Marci quiere usar el cálculo mental para hallar la diferencia. ¿Qué estrategia funciona mejor? ¿Por qué? Muestra cómo hallarías 577 – 479.

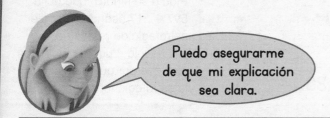

Puedo asegurarme de que mi explicación sea clara.

4. Razonamiento de orden superior Danny quiere dibujar bloques de valor de posición para hallar 342 – 127. Dibuja los bloques que él podría usar. Explica por qué esta estrategia funciona.

5. ☑ **Práctica para la evaluación** Lalo contó hacia atrás en esta recta numérica vacía para hallar 898 – 133.

Usa los números de las tarjetas para hallar los números que faltan en la recta numérica vacía. Escribe los números que faltan.

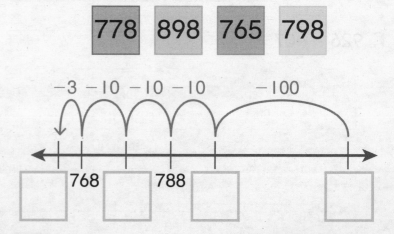

778 898 765 798

–3 –10 –10 –10 –100

768   788

Nombre _____

¡Revisemos! Necesitas usar más de un paso para resolver algunos problemas.

Lee el problema. Sigue los pasos para resolverlo.

Carlos tiene 254 tarjetas de béisbol.
Le dio 145 a Juan y le dio 56 a Amy.
¿Cuántas tarjetas le quedan?

Paso 1: Suma para hallar cuántas tarjetas le dio Carlos a Juan y a Amy.

$$145 + 56 = 201$$

Paso 2: Resta la cantidad de tarjetas que dio Carlos de la cantidad de tarjetas que tenía.

$$254 - 201 = 53$$ Le quedan ___53___ tarjetas.

ACTIVIDAD PARA EL HOGAR
Pida a su niño(a) que invente un cuento de matemáticas que se pueda resolver con la suma o la resta. Luego, pídale que invente un nuevo cuento de matemáticas que se pueda resolver usando la respuesta al primer cuento.

Piensa: ¿Tengo que responder a alguna pregunta escondida primero?

Piensa: ¿Tiene sentido mi respuesta?

Resuelve el problema. Muestra tu trabajo. Debes estar listo para explicar por qué tu respuesta tiene sentido.

1. El señor Wu compra una caja de 300 clavos. Usa 156 clavos para construir una terraza. Usa 98 clavos para construir escalones. ¿Cuántos clavos le quedan?

Un cardumen de peces

Algunos peces viajan en grupos grandes llamados cardúmenes. Los cardúmenes ayudan a los peces a protegerse.

Hay 375 peces que nadan en un cardumen. Primero, 47 peces se alejan del cardumen. Luego, 116 peces más se unen al cardumen. ¿Cuántos peces nadan en el cardumen ahora?

2. **Razonar** ¿Qué operaciones usarás para hallar cuántos peces hay en el cardumen ahora? Explícalo.

_____

_____

_____

3. **Generalizar** ¿Hay más o hay menos de 375 peces en el cardumen ahora? Explica cómo lo sabes.

_____

_____

_____

4. **Entender** ¿Cuántos peces hay en el cardumen ahora? Muestra tu trabajo.

Práctica Herramientas

¡Revisemos!

Un clip mide aproximadamente
1 pulgada de longitud.

aproximadamente 1 pulgada

Una bufanda mide aproximadamente 1 yarda
de longitud. Hay 3 pies en una yarda.

aproximadamente 1 yarda

Una tableta digital mide aproximadamente
1 pie de ancho. Hay 12 pulgadas en un pie.

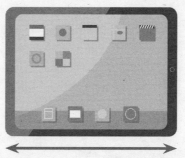

aproximadamente 1 pie

¿Aproximadamente qué tan largo o alto es cada objeto?
Encierra en un círculo la respuesta.

1.

aprox. 1 pulgada

aprox. 1 pie

aprox. 1 yarda

2.

aprox. 1 pulgada

aprox. 1 pie

aprox. 1 yarda

3.

aprox. 1 pulgada

aprox. 1 pie

aprox. 1 yarda

4.

5.

6.

7. Razonamiento de orden superior María tiene 4 fichas. Jacobo tiene 5 fichas. Cada ficha mide 1 pulgada de longitud. Usan todas sus fichas para medir la altura de esta botella de agua. ¿Cuál es la altura de la botella de agua?

Aproximadamente _____ pulgadas

8. ✅ **Práctica para la evaluación** Traza una línea para emparejar cada estimación con un objeto.

Aprox. 1 pulgada	Aprox. 1 pie	Aprox. 1 yarda

 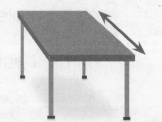

Nombre _____

¡Revisemos! Puedes usar una regla para medir pulgadas.

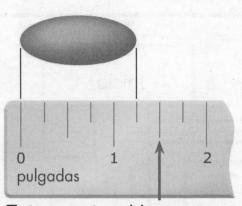

0   pulgadas   1   2

Esta cuenta mide aprox.

___1___ pulgada de longitud.

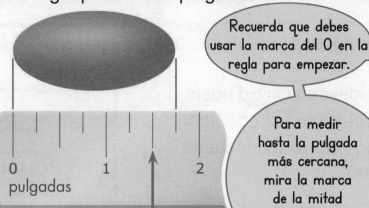

0   pulgadas   1   2

Esta cuenta mide aprox.

___2___ pulgadas de longitud.

Recuerda que debes usar la marca del 0 en la regla para empezar.

Para medir hasta la pulgada más cercana, mira la marca de la mitad entre las pulgadas.

ACTIVIDAD PARA EL HOGAR
Pida a su niño(a) que busque objetos en el hogar que midan aproximadamente 1 pulgada, aproximadamente 6 pulgadas y aproximadamente 12 pulgadas de longitud.

Estima la altura o la longitud de cada objeto real. Luego, usa una regla para medir. Compara tu estimación y la medida.

1. altura de un libro

Mi Libro Favorito

Estimación	Medida
aprox. ___ pulgadas	aprox. ___ pulgadas
aprox. ___ pulgadas	aprox. ___ pulgadas

2. longitud de un lápiz

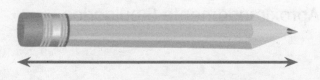

3. **Sentido numérico** Estima la longitud del recorrido para salir de este laberinto.

aproximadamente _____ pulgadas

4. **Entender** Dibuja un recorrido desde el inicio hasta la salida. Usa una regla para medir cada parte de tu recorrido. Suma las longitudes. ¿Aproximadamente cuál es la longitud del recorrido?

aproximadamente _____ pulgadas

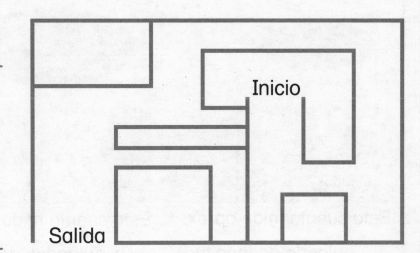

5. ¿Qué tan cercana a la respuesta fue tu estimación?

_____

_____

6. **Razonamiento de orden superior** Gina dice que esta pajilla mide aproximadamente 2 pulgadas de longitud. Saúl dice que mide aproximadamente 3 pulgadas de longitud. ¿Quién tiene razón? Explícalo.

_____

_____

_____

_____

7. ☑ **Práctica para la evaluación** Usa una regla. Mide la longitud del lápiz en pulgadas. ¿Cuál es la medida correcta?

Ⓐ Aproximadamente 2 pulgadas

Ⓑ Aproximadamente 3 pulgadas

Ⓒ Aproximadamente 4 pulgadas

Ⓓ Aproximadamente 5 pulgadas

Práctica Herramientas

¡Revisemos! Puedes usar una regla de 1 yarda para medir objetos al pie más cercano.

Recuerda que 1 pie es igual a 12 pulgadas.
Por tanto, 2 pies es igual a 24 pulgadas.
1 yarda es igual a 36 pulgadas o 3 pies.

Piensa: ¿La medida del cordel es más cercana a 2 pies o a 3 pies?

0   12   24   36

Este cordel mide

aproximadamente

2 pies de longitud.

0   12   24   36

Este cordel mide

aproximadamente

3 pies de longitud.

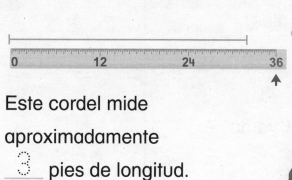

ACTIVIDAD PARA EL HOGAR
Pida a su niño que identifique tres objetos en la casa que midan aproximadamente 1 pulgada, 1 pie y 1 yarda de longitud.

Estima la altura o la longitud de cada objeto y luego mide a la unidad más cercana.

1. La altura de una puerta

Estimación: aprox. ____ pies

Medida: aprox. ____ pies

2. La altura de una silla

Estimación: aprox. ____ pulgadas

Medida: aprox. ____ pulgadas

3. El ancho de una ventana

Estimación: aprox. ____ yardas

Medida: aprox. ____ yardas

4. Razonar Haz un dibujo y nombra objetos que midan estas longitudes.

Más de 6 pulgadas pero menos de 1 pie

Más de 1 pie pero menos de 2 pies

Más de 2 pies pero menos de 1 yarda

5. enVision® STEM José plantó girasoles en un lugar soleado. Los regó y observó cómo crecían hasta ser más altos que él. Midió las alturas de los girasoles cuando terminaron de crecer. ¿Medían 8 pulgadas u 8 pies de altura? Explícalo.

_____

_____

_____

_____

6. Razonamiento de orden superior ¿Qué herramienta usarías para medir las pulgadas que mide tu cintura? Explícalo.

_____

_____

_____

_____

7. ☑ **Práctica para la evaluación** Usa una regla. ¿Aproximadamente cuánto mide el crayón de longitud?

(A) Aprox. 1 pulgada

(B) Aprox. 2 pulgadas

(C) Aprox. 4 pulgadas

(D) Aprox. 6 pulgadas

Nombre _____

¡Revisemos! Puedes medir usando diferentes unidades.

Daniel midió la caja de regalo en pulgadas y en pies.

La caja de regalo mide aproximadamente

____ pulgadas de longitud.

La caja de regalo mide aproximadamente

____ pie de longitud.

Se necesitan más pulgadas que pies para medir la caja de regalos porque una pulgada es una unidad más pequeña.

Si usas unidades más pequeñas, necesitas usar más unidades.

ACTIVIDAD PARA EL HOGAR
Pida a su niño(a) que use una regla de 1 pie para medir objetos en pulgadas y en pies. Luego, pregúntele si él o ella usó más pulgadas o más pies para medir el objeto.

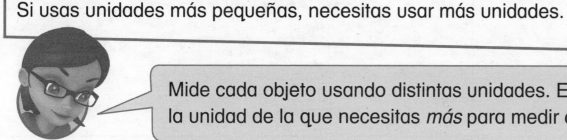

Mide cada objeto usando distintas unidades. Encierra en un círculo la unidad de la que necesitas *más* para medir cada objeto.

1.

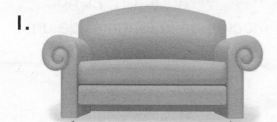

aproximadamente ____ pies   aproximadamente ____ yardas

Uso más unidades de: pies   yardas

2.

aproximadamente ____ pulgadas   aproximadamente ____ pies

Uso más unidades de: pulgadas   pies

3. Explicar Trina dice que su casa de muñecas mide aproximadamente 8 yardas de altura. ¿Crees que es una buena estimación? Explícalo.

4. Razonamiento de orden superior ¿Se necesitarán menos reglas de 1 pie o menos reglas de 1 yarda para medir la longitud de un carro real? Explícalo.

5. ☑ **Práctica para la evaluación** ¿De qué unidad usarías más para medir la altura del paraguas?

Ⓐ Pulgadas

Ⓑ Pies

Ⓒ Yardas

Ⓓ Todas por igual

6. ☑ **Práctica para la evaluación** ¿Cuál es la mejor estimación de la longitud de un bolígrafo?

Ⓐ Aprox. 10 pulgadas

Ⓑ Aprox. 6 pulgadas

Ⓒ Aprox. 5 pies

Ⓓ Aprox. 10 yardas

Nombre _____

Práctica adicional 12-5
Medir en centímetros

¡Revisemos! Puedes usar una regla para medir en centímetros.

Para medir al centímetro más cercano, mira la marca de la mitad entre los centímetros. Si el objeto es más largo, usa el número mayor. Si el objeto es más corto, usa el número menor.

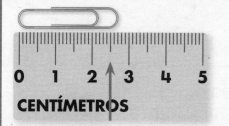

El clip mide aproximadamente

3 centímetros de longitud.

Este lápiz mide aproximadamente

9 centímetros de longitud.

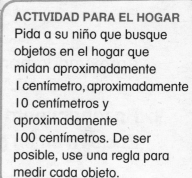

ACTIVIDAD PARA EL HOGAR
Pida a su niño que busque objetos en el hogar que midan aproximadamente 1 centímetro, aproximadamente 10 centímetros y aproximadamente 100 centímetros. De ser posible, use una regla para medir cada objeto.

Estima la altura o la longitud de los objetos reales. Luego, usa una regla para medir. Compara tu estimación y la medida.

1. Longitud de la cinta adhesiva

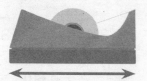

2. Altura de un libro

Estimación	Medida
aprox. _____ centímetros	aprox. _____ centímetros
aprox. _____ centímetros	aprox. _____ centímetros

Resuelve los problemas.

3. Usar herramientas Mide la longitud de esta cuchara en centímetros.
¿Aproximadamente cuánto mide la cuchara?

Aproximadamente _____ centímetros   ¿Qué herramienta usaste? _____

4. Razonamiento de orden superior María tiene el cordel que se muestra abajo.
Encierra en un círculo las figuras que María puede hacer con una parte de su cordel.

Usa las medidas de las figuras que se dan para decidir.

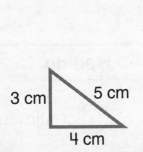

3 cm   5 cm
4 cm

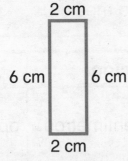

2 cm
6 cm   6 cm
2 cm

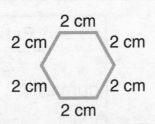

2 cm
2 cm ⬡ 2 cm
2 cm   2 cm
2 cm

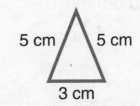

5 cm △ 5 cm
3 cm

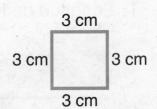

3 cm
3 cm □ 3 cm
3 cm

5. ☑ Práctica para la evaluación Mide este clip. ¿Cuántos centímetros de longitud mide el clip?

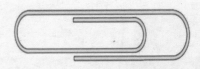

_____ centímetros

Nombre _____

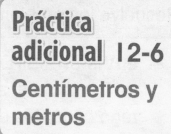

¡Revisemos! Puedes usar una regla de 1 metro para medir la longitud en metros.

Paso 1: Alinea el extremo de una regla de 1 metro con un objeto.

Paso 2: Haz una marca en el objeto, justo en el lugar donde termina la regla de 1 metro.

Paso 3: Luego, mueve la regla de 1 metro de manera que el extremo del 0 empiece donde has marcado.

También puedes medir la longitud en centímetros.

La mesa mide aproximadamente 2 metros de longitud.

ACTIVIDAD PARA EL HOGAR
Pida a su niño(a) que le muestre un objeto del hogar que mida aproximadamente un centímetro de longitud y otro objeto que mida aproximadamente un metro de longitud.

Estima la altura o la longitud de los objetos reales y luego mide. Compara tus estimaciones y las medidas.

1. La longitud de una mesa

Estimación: aprox. ____ metros

Medida: aprox. ____ metros

2. La altura de una silla

Estimación: aprox. ____ centímetros

Medida: aprox. ____ centímetros

3. La longitud de tu cuarto

Estimación: aprox. ____ metros

Medida: aprox. ____ metros

4. enVision® STEM Sara colocó unas plantas de frijol bajo el sol junto a una ventana. Las regó cada dos días. Sara midió la altura de las plantas cada 3 semanas. ¿Crees que medían 12 centímetros o 12 metros? Explícalo.

_____

_____

_____

5. Razonar ¿Cuál sería una estimación razonable de la longitud de una calculadora?

aproximadamente _____ centímetros

6. Razonamiento de orden superior ¿Necesitas menos unidades de centímetros o de metros para medir la altura de la entrada de una casa? Explícalo.

_____

_____

_____

7. ☑ **Práctica para la evaluación** ¿Cuáles son estimaciones razonables de la longitud de un dormitorio? Escoge todas las que apliquen.

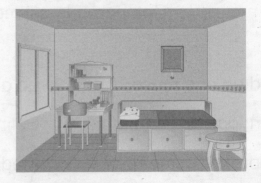

☐ 4 centímetros   ☐ 3 metros

☐ 4 metros   ☐ 30 centímetros

Nombre _____

¡Revisemos! Puedes medir usando distintas unidades.

Andy mide la longitud del televisor usando centímetros y metros.

El televisor mide aprox.

| metro de longitud.

El televisor mide aprox.

88 centímetros de longitud.

Se necesitan menos unidades de metros que de centímetros para medir el televisor. Si usas unidades más grandes, usarás menos unidades.

ACTIVIDAD PARA EL HOGAR
Escoja dos objetos en su hogar, como una mesa y una ventana. Pregunte a su niño(a) si usaría más unidades de centímetros o de metros para medir cada objeto.

Mide cada objeto usando centímetros y metros. Encierra en un círculo la unidad de la que necesites *menos* para medir cada objeto.

1.

aprox. _____ centímetros   aprox. _____ metros

Uso menos unidades de: centímetros   metros

2.

aprox. _____ centímetros   aprox. _____ metros

Uso menos unidades de: centímetros   metros

3. Entender Encierra en un círculo los objetos que son más fáciles de medir usando centímetros. Marca con una X los objetos que son más fáciles de medir usando metros.

4. Razonamiento de orden superior Simón y Karen quieren medir la longitud de un campo de fútbol. ¿Deberían usar centímetros o metros para medirlo? Explícalo.

_____

_____

_____

_____

Piensa en el tamaño de una unidad.

5. ☑ Práctica para la evaluación Carlos mide la longitud de un sofá en centímetros y en metros. ¿Cómo se compararán las medidas?

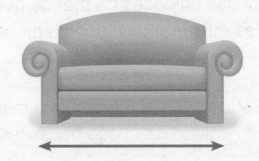

Escoge Sí o No.

Más unidades de centímetros que de metros   ○ Sí ○ No

Menos unidades de metros que de centímetros   ○ Sí ○ No

La misma cantidad de unidades de centímetros y de metros   ○ Sí ○ No

Práctica   Herramientas

¡Revisemos! Puedes escribir una oración numérica como ayuda para hallar la longitud total de un recorrido.

¿Cuál es la longitud total del recorrido A?

Recorrido A

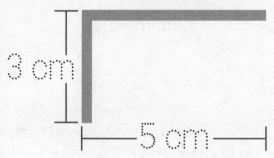

3 cm

5 cm

Mide cada parte de un recorrido para comenzar.

3 + 5 = 8

El recorrido A mide aproximadamente ⎯8⎯ centímetros de longitud.

ACTIVIDAD PARA EL HOGAR
Dibuje un recorrido que esté hecho de dos partes. Pida a su niño(a) que use una regla de centímetros para medir cada parte y luego hallar la longitud total.

 Usa una regla de centímetros para medir el recorrido B. Responde a las preguntas.

1.   **Recorrido B**

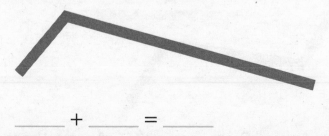

_____ + _____ = _____

Aprox. _____ centímetros de longitud

2. ¿Qué recorrido es más largo: el recorrido A o el recorrido B?

Recorrido A

Recorrido B

3. ¿Cuánto más largo que el recorrido más corto es el recorrido más largo?

Aprox. _____ centímetro más largo

Resuelve los problemas.

4. **Representar** Juana dibujó un recorrido que es 8 cm más corto que el recorrido de Lucas. El recorrido de Juana mide 19 cm de longitud. ¿Cuánto mide el recorrido de Lucas? Escribe una ecuación.

_____ + _____ = _____ centímetros

5. **Representar** Nadia dibujó un recorrido que es 7 cm más largo que el recorrido de Nancy. El recorrido de Nadia mide 15 cm de longitud. ¿Cuánto mide el recorrido de Nancy? Escribe una ecuación.

_____ − _____ = _____ centímetros

Usa los dibujos de la derecha para resolver los problemas.

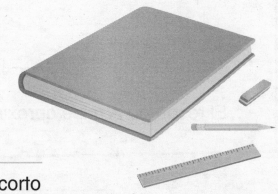

6. Kris limpia su escritorio. Escribe los objetos que encuentra, ordenados del más largo al más corto. Luego, completa los espacios en blanco.

_____   _____

El más largo   El más corto

7. **Razonamiento de orden superior** Completa los espacios en blanco con las palabras que faltan.

El lápiz es más _____ que la regla,

y la regla es más corta que el

_____. Por tanto, el lápiz es

_____ que el _____.

8. ☑ **Práctica para la evaluación** Usa una regla de centímetros. ¿Cuánto más largo que el recorrido gris es el recorrido negro?

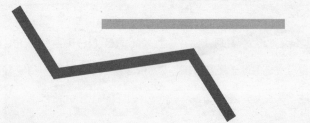

Ⓐ Aprox. 2 cm
Ⓒ Aprox. 4 cm
Ⓑ Aprox. 3 cm
Ⓓ Aprox. 5 cm

Nombre _____

¡Revisemos! Amy usa un botón para medir la longitud de una barra de pegamento. Un botón mide 1 centímetro de alto. Ella calcula que la barra de pegamento mide 5 cm.

Amy usó una regla para comprobar su trabajo. Empezó en la marca del 0.

ACTIVIDAD PARA EL HOGAR
Pida a su niño(a) que mida la longitud de un objeto del hogar. Pídale que escoja la unidad que va a usar. Pida a su niño(a) que explique cómo sabe que la medida es precisa.

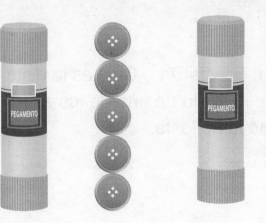

Amy obtuvo la misma respuesta las dos veces. Por tanto, ¡sabe que hay precisión en su trabajo! ¡Ayuda medir dos veces!

Primera medida: 5 cm   Segunda medida: 5 cm

Resuelve el problema. Puedes usar un cordel o botones como ayuda.

1. Halla la longitud de la cadena de la derecha.
   Haz una estimación y usa herramientas para medir.

   Estimación: _____

   Medida real: _____

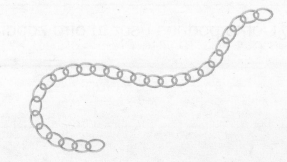

La distancia alrededor de tu zapato

Los zapatos son de diferentes tamaños y
formas. La ilustración muestra la suela de un
zapato. ¿Cuál es la distancia total alrededor
de la suela de uno de tus zapatos?

2. Razonar ¿Qué unidades de medida
usarás? Explícalo.

_____

_____

_____

_____

3. Hacerlo con precisión ¿Cuál es la distancia
alrededor de la suela de uno de tus zapatos?
Explica cómo la hallaste.

_____

_____

_____

_____

_____

_____

4. Explicar ¿Cómo podrías usar tu otro zapato para comprobar tu trabajo?

_____

_____

Nombre _____

¡Revisemos! Puedes nombrar las figuras por la cantidad de lados y vértices que tienen.

 Un triángulo tiene

3 lados y

3 vértices.

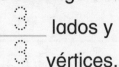 Un cuadrilátero tiene

4 lados y

4 vértices.

 Un pentágono tiene

5 lados y

5 vértices.

Un hexágono tiene

6 lados y

6 vértices.

ACTIVIDAD PARA EL HOGAR
Busque objetos en su casa que tengan forma de triángulos, cuadriláteros, pentágonos o hexágonos. Pida a su niño(a) que le diga cuántos lados y vértices tiene cada figura.

 Nombra las figuras.
Escribe cuántos lados y vértices tienen.

1.

Figura: _____

_____ lados

_____ vértices

2.

Figura: _____

_____ lados

_____ vértices

3.

Figura: _____

_____ lados

_____ vértices

Di cuántos lados o vértices dibujó cada estudiante.

4. Álgebra Lina dibujó 2 pentágonos.

Dibujó _____ vértices.

5. Álgebra Néstor dibujó 3 cuadriláteros.

Dibujó _____ lados.

6. Álgebra Ken dibujó un hexágono y un triángulo.

Dibujó _____ vértices.

7. Representar Dibuja 2 hexágonos que tengan una forma diferente de la que se muestra.

8. Representar Dibuja 2 cuadriláteros que tengan una forma diferente de la que se muestra.

9. Razonamiento de orden superior Tami dibujó los lados planos de este bloque. ¿Qué figuras dibujó? Escribe el nombre de las figuras y dibújalas.

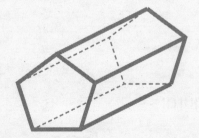

10. ☑ **Práctica para la evaluación** Juan dibujó dos figuras. Una de ellas se muestra a continuación. Si Juan dibujó 9 lados y 9 vértices en total, ¿qué otra figura dibujó?

Ⓐ Triángulo   Ⓒ Rectángulo

Ⓑ Rombo   Ⓓ Pentágono

Nombre _____

¡Revisemos! Los polígonos son figuras planas cerradas con 3 o más lados.
Los polígonos tienen la misma cantidad de ángulos, vértices y lados.

lado

ángulo

vértice

Nombra y describe este polígono.

Un ángulo que forma una esquina cuadrada se llama ángulo recto.

Pentágono   5 lados   5 vértices   5 ángulos

 Escribe la cantidad de ángulos y luego nombra la figura.

1.

_____ ángulos

Figura: _____

2.

_____ ángulos

Figura: _____

3.

_____ ángulos

Figura: _____

Resuelve los problemas.

4. Hacerlo con precisión La siguiente señal indica a los conductores que cedan el paso, es decir, que deben parar para que otros carros o personas pasen primero.

¿Cuál es la figura del polígono que ves en la señal?

_____

5. (A-Z) **Vocabulario** Los bordes exteriores de esta tuerca forman la figura de un **polígono**. Escribe el nombre de la figura.

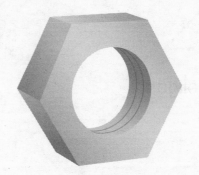

_____

6. Razonamiento de orden superior Observa el siguiente diseño. Escribe tres nombres para la figura que tiene ángulos rectos.

¡Recuerda! Un ángulo recto forma una esquina cuadrada.

_____

7. ☑ **Práctica para la evaluación** Nombra la siguiente figura. Escribe 3 cosas que describan la figura.

Nombre _____

¡Revisemos! La cantidad de lados de un polígono es la misma que la cantidad de vértices y la cantidad de ángulos.

Dibuja un polígono con 6 vértices.

Los lados pueden tener la misma longitud.

Los lados pueden tener longitudes diferentes.

ACTIVIDAD PARA EL HOGAR
Pida a su niño(a) que dibuje un polígono de 4 vértices. Luego, pregúntele el nombre del polígono y cuántos lados y ángulos tiene.

Cada polígono tiene ___6___ vértices.

Cada polígono también tiene ___6___ lados y ___6___ ángulos.

Ambos polígonos son ___hexágonos___.

¿Qué patrón ves?

Dibuja dos polígonos diferentes para cada cantidad de vértices.

1. 4 vértices

Cada polígono tiene _____ lados.

Ambos polígonos son _____.

2. 5 vértices

Cada polígono tiene _____ ángulos.

Ambos polígonos son _____.

Dibuja cada polígono y completa las oraciones.

3. Tiene 2 lados menos que un pentágono.

La figura es un _____.

4. Tiene 3 vértices más que un triángulo.

La figura es un _____.

5. **Entender** Tiene 1 vértice menos que un hexágono y 2 ángulos más que un triángulo.

La figura es un _____.

6. **Razonamiento de orden superior** Tanika tiene 7 palillos y los usa todos para crear dos polígonos. Dibuja dos polígonos que Tanika pudo haber creado. Escribe los nombres de las figuras.

7. ☑ **Práctica para la evaluación** Kit dibujó un polígono que tiene 4 vértices. ¿Qué opción **NO** puede ser el polígono de Kit?

Ⓐ Cuadrilátero

Ⓑ Triángulo

Ⓒ Rectángulo

Ⓓ Cuadrado

8. ☑ **Práctica para la evaluación** Eric dibujó un polígono con más lados que un cuadrado y menos vértices que un hexágono. ¿Qué polígono dibujó Eric?

Ⓐ Triángulo

Ⓑ Rectángulo

Ⓒ Cuadrilátero

Ⓓ Pentágono

Nombre _____

¡Revisemos! Para saber si una figura es un cubo puedes contar sus caras, vértices y aristas. Los cubos numéricos son ejemplos de objetos de la vida diaria que son cubos.

Todo cubo tiene 6 caras cuadradas iguales, 8 vértices y 12 aristas.

Estos objetos de la vida diaria **NO** son cubos.

Di si la figura u objeto es un cubo. Si no es un cubo, ¿qué figura es? Luego, explica cómo lo sabes.

I.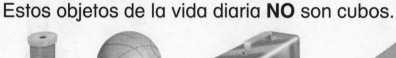
_____
_____
_____

2.
_____
_____
_____

Usa lo que sabes sobre los cubos para resolver los problemas.

3. **Buscar patrones** Puedes formar dos cuadrados para dibujar un cubo.

1. Conecta los 4 puntos negros para formar un cuadrado.

2. Conecta los 4 puntos grises para formar otro cuadrado.

3. Conecta cada esquina del cuadrado negro a una esquina similar del cuadrado gris.

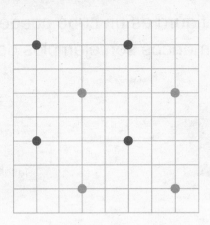

Esta es otra manera de dibujar un cubo.

---

4. **Razonamiento de orden superior** Observa el siguiente sólido. Cuenta cuántas caras, vértices y aristas tiene. ¿Por qué esta figura **NO** es un cubo?

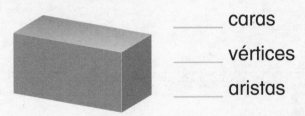

_____ caras

_____ vértices

_____ aristas

_____

_____

_____

5. ☑ **Práctica para la evaluación** Encierra en un círculo las figuras que **NO** son cubos. Explica cómo lo sabes.

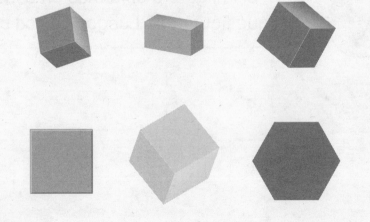

_____

Nombre _____

¡Revisemos! ¿Cuántos cuadrados cubren este rectángulo?

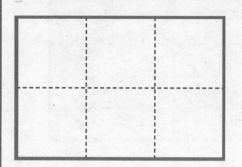

Puedes usar fichas cuadradas para cubrir un rectángulo. Cuenta los cuadrados de las filas. Luego, cuenta los cuadrados de las columnas.

ACTIVIDAD PARA EL HOGAR
Pida a su niño(a) que dibuje una sección rectangular de un piso hecho con baldosas cuadradas. Luego, pídale que cuente cuántos cuadrados forman el rectángulo.

Suma las filas: $3 + 3 = 6$

Suma las columnas: $2 + 2 + 2 = 6$

Usa fichas cuadradas para cubrir el rectángulo. Traza las fichas y cuenta los cuadrados.

1.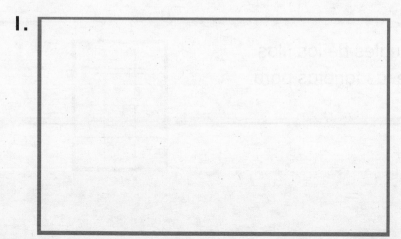

2. ¿Cuántos cuadrados cubren el rectángulo?

Suma las filas:

_____ + _____ + _____ = _____

Suma las columnas:

_____ + _____ + _____ + _____ + _____

= _____

3. **Buscar patrones** El Sr. Cruz colocó baldosas cuadradas en el piso de la cocina. Todas las baldosas tienen el mismo tamaño. ¿Cuántas baldosas iguales hay? Escribe dos ecuaciones para mostrar la cantidad total de baldosas cuadradas.

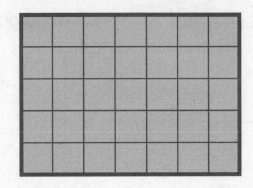

Filas:

_____ + _____ + _____ + _____ + _____ = _____ baldosas

Columnas:

_____ + _____ + _____ + _____ + _____ + _____ = _____ baldosas

4. **Razonamiento de orden superior** 10 amigos quieren compartir una barra rectangular de granola en partes iguales. Muestra cómo dividir el rectángulo en 10 porciones iguales.

5. ☑ **Práctica para la evaluación** Cuenta las partes iguales de las filas y columnas del rectángulo. Luego, usa los números de las tarjetas para escribir los números que faltan en las ecuaciones.

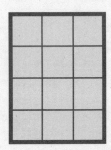

| 4 | 12 | 3 |

Filas: _____ + _____ + _____ + _____ = _____

Columnas: _____ + _____ + _____ = _____

Nombre _____

¡Revisemos! Las partes iguales tienen el mismo tamaño.

2 partes iguales

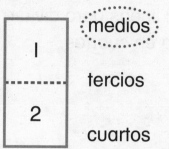

medios

tercios

cuartos

3 partes iguales

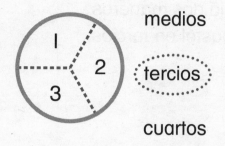

medios

tercios

cuartos

4 partes iguales

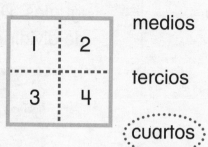

medios

tercios

cuartos

ACTIVIDAD PARA EL HOGAR
Dibuje tres cuadrados. Pida a su niño(a) que dibuje líneas en un cuadrado para mostrar medios. Luego, pídale que dibuje líneas en el segundo cuadrado para mostrar tercios, y en el tercer cuadrado para mostrar cuartos.

Dibuja la cantidad de partes iguales que se da para cada figura. Luego, encierra en un círculo la palabra que describe las partes.

1. 4 partes iguales

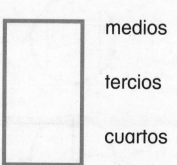

medios

tercios

cuartos

2. 3 partes iguales

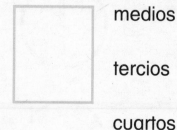

medios

tercios

cuartos

3. 2 partes iguales

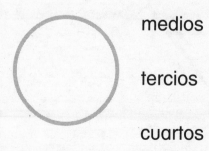

medios

tercios

cuartos

4. 4 partes iguales

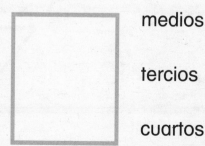

medios

tercios

cuartos

5. Dos estudiantes quieren compartir una pizza pequeña en partes iguales. Dibuja cómo divides la pizza en medios.

6. Tres estudiantes quieren compartir una bandeja de pastel de manzana en partes iguales. Dibuja dos maneras de dividir el pastel en tercios.

7. Cuatro estudiantes quieren compartir una tarta de manzana. Dibuja líneas para dividir la tarta en cuartos.

8. Razonamiento de orden superior Esta figura está dividida en cuatro pedazos. Rob dice que está dividida en cuartos. ¿Tiene razón? Explícalo.

9. ☑ **Práctica para la evaluación** Tom cortó su pastelito por la mitad para compartirlo con su hermano. ¿Qué dibujos **NO** muestran medios?
Escoge todos los que apliquen.

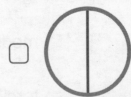 

Práctica Herramientas

¡Revisemos!

Puedes mostrar un rectángulo con partes iguales de diferentes maneras.

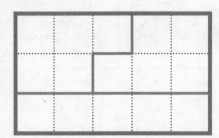

Cada una de las partes iguales tiene 5 cuadrados.

Cada rectángulo tiene 3 partes iguales. Cada una de las partes iguales tiene 5 cuadrados.

Traza líneas para mostrar tres maneras diferentes de mostrar 2 partes iguales.

I.

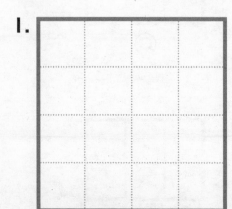
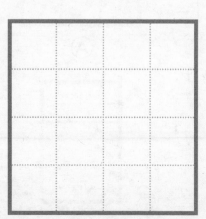
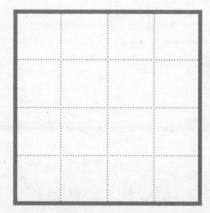

¿Puedes dividir un rectángulo en partes iguales que tengan formas DIFERENTES?

2. Explicar Alexis quiere compartir la hoja de calcomanías de tigres con dos amigas. ¿Hay suficientes calcomanías para formar partes iguales para Alexis y sus dos amigas? Explícalo.

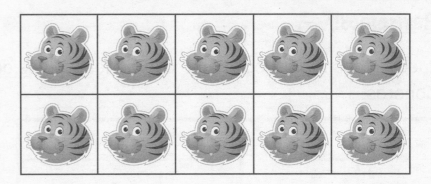

_____

_____

_____

3. Razonamiento de orden superior Gordon trazó las líneas oscuras adentro de este rectángulo para formar partes iguales. ¿Lo logró? Explícalo.

_____

_____

_____

4. ✅ **Práctica para la evaluación** Lina divide un rectángulo en 3 partes iguales. ¿Cuál **NO** puede ser el rectángulo de Lina?

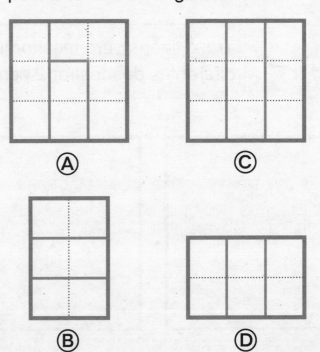

Ⓐ Ⓒ

Ⓑ Ⓓ

Práctica Herramientas

¡Revisemos! Crea dos diseños diferentes para estos cuadrados que son del mismo tamaño. Cada diseño debe tener 2 colores repartidos en partes iguales de cada color.

Puedo trazar una línea en el centro para formar partes iguales.

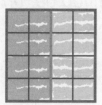

Diseño 1

Puedo trazar una línea desde las esquinas opuestas para formar partes iguales.

Diseño 2

Estas partes iguales tienen la misma forma. Las partes iguales también pueden tener diferentes formas que tengan el mismo tamaño.

Resuelve el problema. Usa crayones para colorear. Explica tu solución.

1. Haz dos diseños diferentes. Cada diseño debe tener 3 colores con partes iguales de cada color. Las partes de uno de los diseños NO deben tener todas la misma forma.

_____

_____

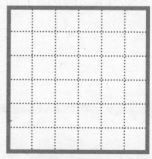

Diseño 1

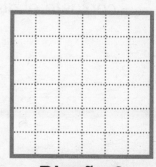

Diseño 2

Diseño que se repite

Eddy creó este diseño sobre 4 cuadrados de papel cuadriculado.
Quiere repetir este diseño 6 veces en una cuadrícula más grande.
Responde a las preguntas para ayudar a Eddy a crear el diseño
más grande.

2. **Buscar patrones** Observa los cuadrados
pequeños del diseño de Eddy. ¿En qué se
parecen? ¿En qué se diferencian?

_____

_____

_____

3. **Explicar** Describe el diseño de Eddy. Explica
a qué se parece. Usa *una mitad de, un tercio
de* o *un cuarto de* al describirlo.

_____

_____

_____

4. **Generalizar** Copia el diseño de Eddy 4 veces. Usa 2 colores.
Coloca 2 diseños uno al lado del otro en cada fila. ¿Cómo
copiaste el diseño? Describe una manera rápida que usaste.

Fila 1

Fila 2

_____

_____

Nombre _____

¡Revisemos!

Puedes usar la suma o la resta para resolver problemas de medidas.
¿Cuánto más larga que el gusano es la serpiente?

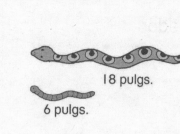

Resta para comparar.

18 pulgs.

6 pulgs.

$$\underline{18} - \underline{6} = \underline{12}$$

La serpiente es ___12 pulgadas___ más larga que el gusano.

ACTIVIDAD PARA EL HOGAR
Pida a su niño(a) que busque un objeto rectangular (un libro, una hoja de papel, una ficha, etc.). Pídale que mida cada lado en pulgadas y escriba una ecuación para hallar la distancia que hay alrededor del objeto.

Decide si necesitas sumar o restar.
Luego, escribe una ecuación como ayuda para resolver los problemas.

1. ¿Cuánto más corta que la cinta es la pluma?

7 cm

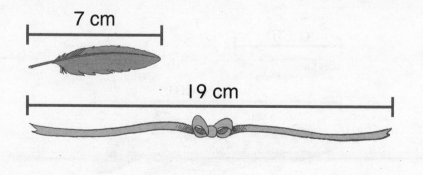

19 cm

_____

_____ centímetros más corta

2. ¿Qué distancia hay alrededor de la alfombra?

28 pulgs.

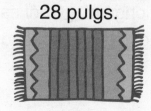

15 pulgs.

_____

_____ pulgadas

Decide si necesitas sumar o restar. Luego, escribe una ecuación como ayuda para resolver los problemas.

3. Representar ¿Qué distancia hay alrededor de la tapa de la caja del juego?

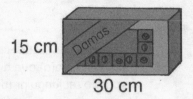

15 cm

30 cm

_____

La distancia alrededor de la tapa de la caja

del juego es _____ .

Puedes representar un problema con una ecuación. Incluye las unidades en tu respuesta.

---

4. Razonamiento de orden superior La distancia alrededor del libro rectangular de Tim es 48 centímetros. Cada lado más largo mide 14 cm de longitud. ¿Cuál es la longitud de cada lado más corto? Muestra tu trabajo.

_____

_____

_____

Cada lado más corto del libro mide

_____ de longitud.

5. ☑ **Práctica para la evaluación** ¿Cuánto más largo que el pez de arriba es el pez de abajo?

6 cm

14 cm

Ⓐ 7 cm   Ⓒ 20 cm

Ⓑ 8 cm   Ⓓ 40 cm

Nombre _____

Práctica Herramientas

¡Revisemos!

El bote de Lorenzo mide 13 metros de longitud.
El bote de Cory es 7 metros más largo.
¿Qué longitud tiene el bote de Cory?

Puedes seguir estos pasos para resolver problemas verbales.

Paso 1 Escribe una ecuación para mostrar el problema. $13 + 7 = ?$

Paso 2 Haz un dibujo como ayuda para resolverlo.

Paso 3 Resuelve el problema. El bote de Cory mide 20 metros de longitud.

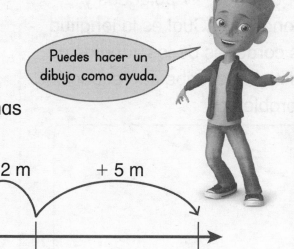

Puedes hacer un dibujo como ayuda.

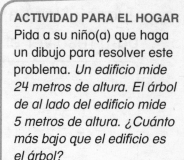

ACTIVIDAD PARA EL HOGAR
Pida a su niño(a) que haga un dibujo para resolver este problema. *Un edificio mide 24 metros de altura. El árbol de al lado del edificio mide 5 metros de altura. ¿Cuánto más bajo que el edificio es el árbol?*

Escribe una ecuación que use ? para el número desconocido. Resuélvela usando un dibujo o de otra manera.

1. La cinta de Susi mide 83 centímetros de longitud. Ella corta 15 centímetros.
¿Qué longitud tiene ahora la cinta de Susi?

_____   _____ cm

2. Entender Los cordones de los zapatos de Juana miden 13 pulgadas, 29 pulgadas y 58 pulgadas de longitud. ¿Cuál es la longitud total de todos los cordones de los zapatos de Juana? Haz un dibujo y escribe una ecuación para resolver el problema.

_____ pulgs.

3. Mary es 2 pulgadas más alta que Guillermo. Guillermo mide 48 pulgadas de estatura. ¿Cuánto mide Mary?

4. Razonamiento de orden superior El dormitorio de Karl mide 11 pies de longitud. El dormitorio de Gary es 2 pies más largo que el de Karl. El dormitorio de Priya es 3 pies más corto que el de Gary. ¿Cuál es el total de las longitudes de los dormitorios de Gary y Priya?

_____ pies

5. ☑ **Práctica para la evaluación** El escritorio de Ryan mide 25 pulgadas de altura. Su lámpara mide 54 pulgadas de altura. ¿Cuántas pulgadas más alta es la lámpara? Escribe una ecuación y haz un dibujo para resolver el problema.

_____ pulgadas más alta

Práctica Herramientas

¡Revisemos!

Catalina medía 59 pulgadas de estatura.
Creció y ahora mide 73 pulgadas de estatura.
¿Cuántas pulgadas creció Catalina?

Puedes hacer un dibujo de una cinta de medir para resolver el problema.

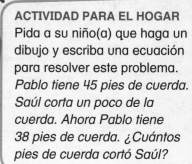

Muestra el problema con una ecuación: $59 + ? = 73$.

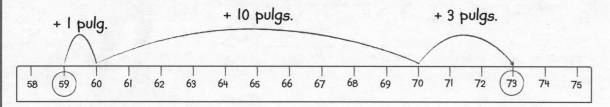

+ 1 pulg.   + 10 pulgs.   + 3 pulgs.

| 58 | 59 | 60 | 61 | 62 | 63 | 64 | 65 | 66 | 67 | 68 | 69 | 70 | 71 | 72 | 73 | 74 | 75 |

Catalina creció 14 pulgadas.

ACTIVIDAD PARA EL HOGAR
Pida a su niño(a) que haga un dibujo y escriba una ecuación para resolver este problema. *Pablo tiene 45 pies de cuerda. Saúl corta un poco de la cuerda. Ahora Pablo tiene 38 pies de cuerda. ¿Cuántos pies de cuerda cortó Saúl?*

Escribe una ecuación que use ? para el número desconocido.
Resuélvela usando un dibujo o de otra manera.

Brígida tiene un pedazo de cuerda.
Añade 18 metros más de cuerda a su cuerda.
La cuerda ahora mide 27 metros de longitud.
¿Qué longitud tenía la cuerda al principio?

_____   _____

Resuelve los problemas.

Explicar Elizabeth corrió 36 metros.
Horacio corrió 8 metros menos que Elizabeth.
Delia corrió 3 metros menos que Horacio.
¿Cuántos metros corrió Delia?
Explica tu razonamiento. _____

Recuerda que debes usar las palabras y los símbolos correctos para explicar tu razonamiento.

_____

_____

I. Razonamiento de orden superior A la derecha se dan las longitudes de los lápices.

Escribe y resuelve un problema de dos pasos sobre los lápices.

_____

_____

_____

_____

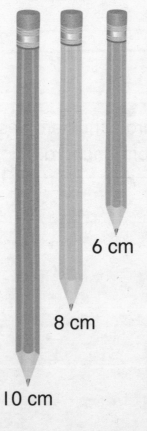

6 cm

8 cm

10 cm

2. ☑ **Práctica para la evaluación** Un martillo mide 1 pie de longitud. Un carro mide 15 pies de longitud. Una pala mide 4 pies de longitud.

¿Qué enunciados son correctos? Escoge todos los que apliquen.

☐ El carro es 9 pies más largo que el martillo.

☐ El martillo es 14 pies más corto que el carro.

☐ La pala es 3 pies más larga que el martillo.

☐ El carro es 11 pies más largo que la pala.

Nombre _____

¡Revisemos!

Empieza en 0. Dibuja una flecha para mostrar la primera longitud.

Luego, dibuja una segunda flecha que señale hacia la derecha para sumar o hacia la izquierda para restar.

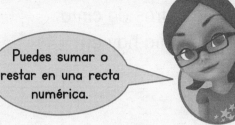

Puedes sumar o restar en una recta numérica.

ACTIVIDAD PARA EL HOGAR
Mida la longitud de un tenedor y la de una cuchara en centímetros. Luego, dibuje una recta numérica para mostrar cómo hallaría usted la longitud total de los dos objetos.

$10 + 19 = ?$

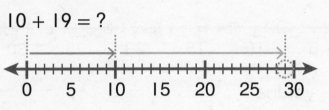

$10 + 19 = \underline{29}$

$19 - 13 = ?$

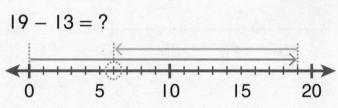

$19 - 13 = \underline{6}$

Usa las rectas numéricas para sumar o restar.

1. $31 - 24 = $ _____

2. $18 + 23 = $ _____

3. Sentido numérico Observa la recta numérica. Escribe la ecuación que representa la recta numérica.

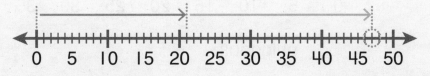

◯ _____ ◯ _____ = _____

4. En una caja hay 15 centímetros de cinta. En otra caja hay 14 centímetros de cinta. ¿Cuántos centímetros de cinta hay en las dos cajas?

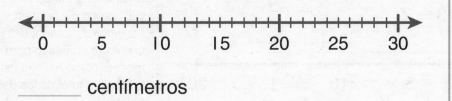

_____ centímetros

5. Susana patea una pelota 26 yardas hacia José. Luego, José patea la pelota 18 yardas hacia Susana. ¿Cuán lejos de Susana está ahora la pelota?

_____ yardas

6. Razonamiento de orden superior Enrique está pintando una valla de 38 pies. Pinta 17 pies de la valla por la mañana y pinta 16 pies más después del almuerzo. ¿Cuántos pies de la valla le quedan por pintar?

Puedes dibujar una recta numérica como ayuda.

_____ pies

7. ☑ Práctica para la evaluación Sam tiene 38 pulgadas de hilo. Le da 23 pulgadas de hilo a Lars. ¿Cuántas pulgadas de hilo tiene Sam ahora? Muestra tu trabajo en la recta numérica.

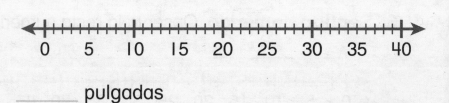

_____ pulgadas

Nombre _____

¡Revisemos! ¿Qué herramienta usarías para resolver este problema?

Valeria manejó 21 millas el lunes y 49 millas el martes.
¿Cuántas millas manejó en total?

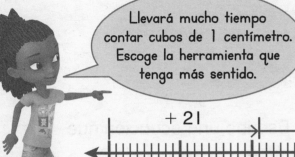

Llevará mucho tiempo contar cubos de 1 centímetro. Escoge la herramienta que tenga más sentido.

Puedes dibujar una recta numérica para resolver este problema.

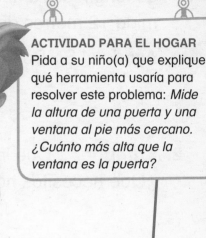

ACTIVIDAD PARA EL HOGAR
Pida a su niño(a) que explique qué herramienta usaría para resolver este problema: *Mide la altura de una puerta y una ventana al pie más cercano. ¿Cuánto más alta que la ventana es la puerta?*

+ 21   + 49

0 5 10 15 20 25 30 35 40 45 50 55 60 65 70

21 + 49 = 70

Valeria manejó 70 millas en total.

Escoge una herramienta como ayuda para resolver el problema. Muestra tu trabajo. Explica por qué escogiste esa herramienta y cómo obtuviste tu respuesta.

1. Aarón medía 38 pulgadas de estatura cuando tenía 4 años. Ahora Aarón tiene 8 años y mide 47 pulgadas de estatura. ¿Cuántas pulgadas creció Aarón?

Trenes

El Sr. Bolt tiene que medir la longitud de un tren.
El primer carro es la locomotora, que mide 8 metros
de longitud. También tiene 4 furgones. Cada furgón
mide 12 metros de longitud.

Ayuda al Sr. Bolt a hallar la longitud total del tren.

2. Entender ¿Qué información se da?
¿Qué necesitas hallar?

_____

_____

_____

_____

3. Representar Escribe una ecuación que
represente el número desconocido.

_____

¿Qué unidad de medida usarás?

_____

4. Usar herramientas ¿Cuál es la longitud total del tren?
Escoge una herramienta para resolver el problema. Muestra tu trabajo. _____

Nombre _____

¡Revisemos! Puedes hacer un diagrama de puntos para mostrar datos.

La tabla muestra las longitudes de objetos en pulgadas.

Usa los datos de la tabla para hacer un diagrama de puntos.

ACTIVIDAD PARA EL HOGAR
Use el diagrama de puntos para hacer preguntas a su niño(a) sobre los datos. Anime a su niño(a) a explicar cada respuesta.

Objeto	Longitud en pulgadas
Lápiz	5
Tijeras	8
Engrapadora	6

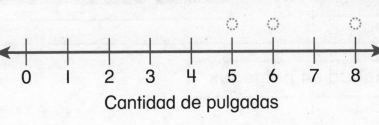

Longitudes de objetos

Cantidad de pulgadas

El diagrama de puntos te ayuda a ver cómo se comparan las longitudes de los objetos.

Usa el diagrama de puntos anterior para responder a las preguntas.

1. ¿Cuánto mide el objeto más corto? _____

2. ¿Cuánto mide el objeto más largo? _____

3. ¿Cuánto más corto que el objeto más largo es el objeto más corto? _____ pulgadas

4. ¿Cuál es la longitud total de todos los objetos? _____ pulgadas

5. Este tenis mide

_____ de longitud.

6. Este zapato de vestir mide

_____ de longitud.

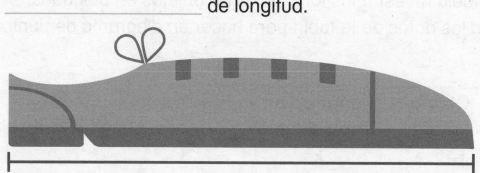

7.

Tipo de zapato	Longitud en pulgadas
Sandalia	4
Mocasín	5
Tenis	
Zapato de vestir	

8. Razonamiento de orden superior ¿Cuáles son los tres zapatos que tienen una longitud total de 13 pulgadas? Explícalo.

_____

_____

9. ☑ **Práctica para la evaluación** Mide la longitud de este zapato de cuero en pulgadas. Escribe la longitud en el siguiente espacio. Anota tu medida en el diagrama de puntos anterior.

Nombre _____

¡Revisemos! 7 estudiantes midieron la longitud de las tijeras al centímetro más cercano. Se muestran los resultados en la siguiente tabla.

Longitud de las tijeras en centímetros			
8	7	7	6
7	6	7	7

Paso 1 Mide la longitud de las tijeras al centímetro más cercano.

Paso 2 Escribe tu medida en la tabla anterior.

Paso 3 Anota tu medida en el diagrama de puntos de la derecha.

Longitudes de las tijeras

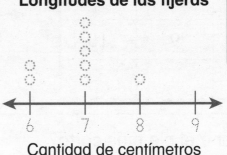

Cantidad de centímetros

ACTIVIDAD PARA EL HOGAR
Pida a su niño(a) que mida las longitudes de tres ventanas de su casa. Las ventanas deben tener longitudes diferentes. Luego, pídale que haga un diagrama de puntos de los datos.

Usa el diagrama de puntos anterior para responder a las preguntas.

1. ¿Cuál es la medida más común de la longitud de las tijeras?

_____ centímetros

2. ¿Cuáles podrían ser diferentes razones por las cuales los estudiantes obtuvieron diferentes medidas? Escribe Sí o No.

_____ El objeto tiene una forma que **NO** es plana.

_____ La medida estaba en la mitad entre dos unidades.

_____ La regla no estaba alineada con 0 al usarla.

Representar Mide la longitud de los pies de 3 de tus amigos o familiares. Escribe las medidas en la siguiente tabla. Luego, usa los datos para completar el diagrama de puntos.

3.

Longitudes de los pies en pulgadas			
8	7	8	7
6	9	6	7
10	7	9	10
7			

Longitudes de los pies

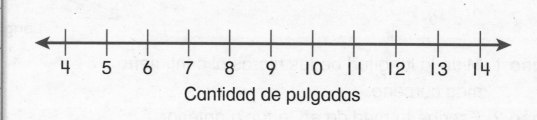

Cantidad de pulgadas

4. ¿Qué longitud tiene el pie más corto?

_____

5. ¿Cuál es la longitud de pie más común?

_____

6. **Razonamiento de orden superior**
¿Cuántas personas tienen pies cuya longitud en pulgadas es un número par? Explícalo.

_____

_____

_____

7. ☑ **Práctica para la evaluación** Mide la longitud del pie a la pulgada más cercana. Escribe la medida en el espacio y anótala en el diagrama de puntos del Ejercicio 3.

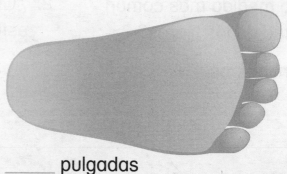

_____ pulgadas

Nombre _____

¡Revisemos! La tabla muestra cómo votaron los estudiantes para ponerle nombre al pez dorado de la clase.

Usa los datos de la tabla para hacer una gráfica de barras.

Nombres favoritos	
Rayo	5
Goldie	3
Rocky	6
Burbujas	8

Nombres favoritos

Nombres: Rayo, Goldie, Rocky, Burbujas

Cantidad de votos: 0 1 2 3 4 5 6 7 8

ACTIVIDAD PARA EL HOGAR
Reúna tres grupos pequeños de objetos, como 3 bolígrafos, 4 ligas y 6 botones. Haga una tabla y una gráfica de barras con su niño(a) para mostrar cuántos objetos hay en cada grupo.

Usa la gráfica de barras anterior para resolver los problemas.

1. ¿Cuántos estudiantes votaron por los nombres Goldie y Rocky?

_____

2. ¿Cuántos estudiantes menos que los que votaron por el nombre Rocky votaron por el nombre Rayo? _____

3. ¿Qué nombre obtuvo 2 votos más que Rocky? _____

4. ¿Qué nombre obtuvo la menor cantidad de votos? _____

5. Representar Usa los datos de la tabla para completar la gráfica de barras.

Programas de televisión favoritos	
Animales	6
Deportes	8
Dibujos animados	10
Noticias	3

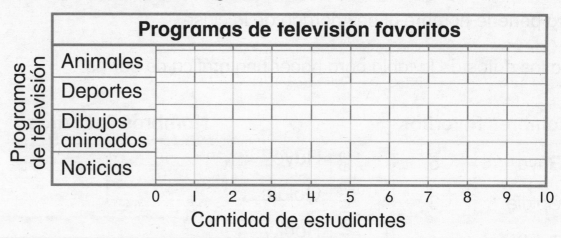

Programas de televisión favoritos

6. Razonamiento de orden superior Juntos, Marla, Derek y Juan recolectaron 19 manzanas en total. Escribe los números que faltan en la tabla y completa la gráfica de barras.

Recolección de manzanas	
Marla	3
Derek	
Juan	

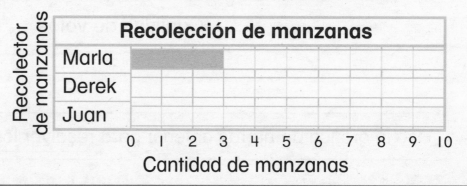

Recolección de manzanas

7. ☑ Práctica para la evaluación Observa la gráfica de barras del Ejercicio 5. ¿Qué enunciados sobre las cantidades de estudiantes y los programas de TV son correctos? Escoge todos los que apliquen.

☐ 2 menos que los que escogieron animales escogieron deportes.

☐ 10 escogieron noticias o animales.

☐ 1 más que los que escogieron noticias o animales escogió dibujos animados.

☐ Votaron 27 estudiantes en total.

Nombre _____

¡Revisemos! Una pictografía usa dibujos o símbolos para mostrar información.

Los números de la derecha indican cuántos estudiantes escogieron cada merienda. Completa la pictografía.

Hay 9 símbolos para palomitas de maíz. Por tanto, 9 estudiantes escogieron palomitas de maíz.

ACTIVIDAD PARA EL HOGAR
Diga a su niño(a) qué merienda de las que se muestran en la pictografía es su favorita. Pídale que explique cómo cambiaría la pictografía Meriendas favoritas si su respuesta se agregara a la pictografía.

Meriendas favoritas		
Palomitas de maíz	☺☺☺☺☺☺☺☺☺	9
Vaso con frutas	☺☺☺☺	4
Yogur	☺☺☺☺☺☺☺	7
Queso y galletas saladas	☺☺☺☺☺☺☺☺☺☺	10

Cada ☺ = 1 estudiante

Usa la pictografía anterior para resolver los problemas.

1. ¿A cuántos estudiantes les gustan más el queso y galletas saladas? _____

2. ¿A cuántos estudiantes les gusta más el yogur? _____

3. ¿Cuántos estudiantes más prefieren las palomitas de maíz que los vasos con frutas?
_____ estudiantes más

4. ¿Qué merienda es la favorita para la mayoría de los estudiantes?

Resuelve los problemas.

5. **Representar** La tabla de conteo muestra cuántos boletos tiene cada estudiante. Usa la tabla de conteo para completar la pictografía.

Boletos que tenemos	
Diana	IIII
Esteban	II
Tom	TIHL IIII
Lisa	TIHL I

Boletos que tenemos	
Diana	
Esteban	
Tom	
Lisa	

Cada 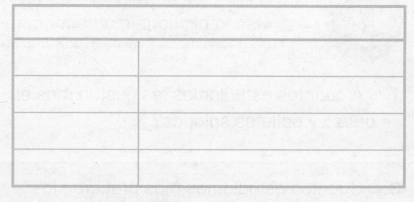 = I boleto

6. **Razonamiento de orden superior** Lisa le da 2 boletos a Esteban. ¿Cuántos boletos tiene Esteban ahora? Explícalo.

_____

_____

_____

7. ☑ **Práctica para la evaluación** La tabla de conteo muestra las mascotas favoritas de una clase de segundo grado. Usa la tabla de conteo para dibujar una pictografía.

Mascotas favoritas	
Gato	TIHL I
Perro	TIHL II
Pez	TIHL
Hámster	II

Cada ♥ = I voto

Nombre _____

Práctica Herramientas

Práctica
adicional 15-5
Sacar
conclusiones a
partir de gráficas

¡Revisemos! Puedes sacar conclusiones a partir de los datos de una gráfica.

La pictografía muestra los tipos de
libros favoritos de los estudiantes.
Escribe cuántos estudiantes escogieron
cada tipo de libro.

La clave muestra que
cada libro representa el
voto de 1 estudiante. Usa
la clave para contar la
cantidad de votos.

ACTIVIDAD PARA EL HOGAR
Use la pictografía Tipo de
libro favorito para hacerle
preguntas a su niño(a) sobre
los datos. Anime a su niño(a)
a explicar cada respuesta.

Tipo de libro favorito	
Biografía	📘📘📘📘📘📘📘
Aventuras	📘📘📘📘📘
Ciencias	📘📘📘📘
Misterio	📘📘📘📘📘📘📘📘📘

7
5
4
9

Cada 📘 = 1 voto

Usa la pictografía anterior para responder a las preguntas.

1. ¿Cuál fue el tipo de libro menos favorito?

_____

2. ¿Por qué tipo de libro votó la mayoría de

los estudiantes? _____

3. ¿Cuántos estudiantes más votaron por
   biografía que por aventuras?

   _____ estudiantes más

4. Si cada estudiante votó solo una vez,
   ¿cuántos estudiantes votaron en total?

5. Entender Completa las oraciones.

En la canasta de frutas hay _____ manzanas y _____ peras.

En la canasta de frutas hay _____ naranjas y _____ ciruelas.

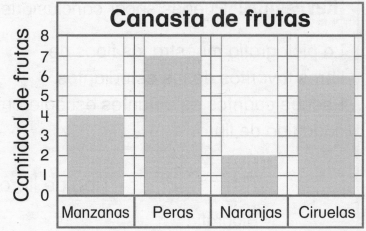

Canasta de frutas

Cantidad de frutas

Frutas

6. Escribe el tipo de las frutas en orden del número menor al número mayor.

_____

_____

7. ¿Cuántas manzanas y naranjas hay en total en la canasta?

_____

8. María usa 4 peras para hacer una tarta. ¿Cuántas peras le quedan en la canasta?

9. Razonamiento de orden superior ¿Tiene importancia la manera en que ordenas los datos en una gráfica de barras? Explícalo.

_____

_____

10. ☑ **Práctica para la evaluación** Mira la gráfica de barras del Ejercicio 5. ¿Cuántas ciruelas más que manzanas hay en la canasta?

_____ ciruelas más

Nombre _____

¡Revisemos!   Puedes razonar sobre los datos de la pictografía para escribir y resolver problemas.

¿Cuántos votos más que el equipo Leones obtuvo el equipo Tigres?

Votos por nombre del equipo	
Lobos	🧍🧍🧍🧍🧍
Tigres	🧍🧍🧍🧍🧍🧍🧍🧍🧍🧍
Leones	🧍🧍🧍🧍🧍🧍🧍🧍

Cada 🧍 = 1 voto.

ACTIVIDAD PARA EL HOGAR
Mire con su niño(a) la pictografía de nombres del equipo. Pida a su niño(a) que halle cuántos votos más que para Tigres hay para Lobos y Leones juntos. Pida a su niño(a) que explique cómo halló la respuesta.

Cuenta los símbolos de los votos para Tigres y para Leones en la pictografía. Luego, resta.

Tigres __10__   Leones __8__

10 _ 8 = 2

Tigres obtuvo __2__ votos más que Leones.

Escribe y resuelve problemas sobre los datos de la pictografía anterior.

1. _____

_____

____ ◯ ____ = ____

2. _____

_____

____ ◯ ____ = ____

Juegos favoritos

La Sra. Ruiz tiene que eliminar un juego de la clase de educación física. Por tanto, pidió a los estudiantes que escogieran su juego favorito. La gráfica de barras muestra los resultados. Cada estudiante votó una sola vez. ¿Qué juego debe eliminar y por qué?

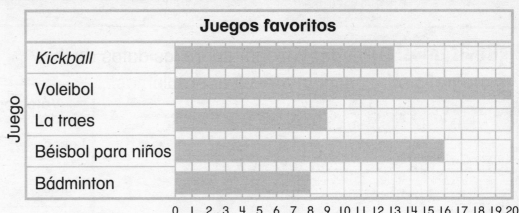

3. Entender ¿Cuántos estudiantes votaron por cada juego? Di cómo lo sabes.

4. Explicar La Sra. Ruiz piensa que debe eliminarse La traes de la clase de educación física. ¿Estás de acuerdo? Explícalo.

5. Razonar ¿Cuántos estudiantes menos escogieron La traes y bádminton juntos que voleibol? Explica tu razonamiento.

Fotografías

Every effort has been made to secure permission and provide appropriate credit for photographic material. The publisher deeply regrets any omission and pledges to correct errors called to its attention in subsequent editions.

Unless otherwise acknowledged, all photographs are the property of Savvas Learning Company LLC.